感谢乐施会提供研究及出版支持

孙庆忠 ◆ 主编

枣缘社会

陕西佳县泥河沟村文化志

作者 中国农业大学农业文化遗产研究团队：
宋艳祎、李妍颖、江沛、韩泽东、郭天禹、李禾尧、辛育航、王嘉雪、孙兆琦、高凡、李世宽、陈俞全、冯星晨、曹玉泽、关瑶、宗世法

摄影 侯玉峰、贾玥、李攀、于哲、武雄、计云、康宁、熊悦、陈钦胜、何颂飞

同济大学出版社
TONGJI UNIVERSITY PRESS

龙王庙	082
河神庙	088
观音庙	092

四、窑洞镜像

院落人家	100
五福堂	104
鹭涛凤彩	106
树德务滋	110
世其昌	112
绣楼院	116

五、奈何离乡

远徙内蒙古五原	120
移民陕西山西	126
返销粮	130

六、学堂记忆

四孔窑	134
六孔窑	138
十一孔窑	142
开章小学	146
开章亭	152

经堂窑	232
法师和乐手	234
纠首团	236
打醮仪式	240

十二、枣韵千年

天下红枣第一村	246
晒枣崖	250
奶菜与务枣树	252
餐桌味道	260
黄河浮河	266
枣神庇佑	272
村史回眸	280

后记

悄悄的生命变革 286

目录

总序
农业文化遗产保护的有益探索 ... 006

导言
千年守望 ... 014

一、世外枣园
- 金狮银象 ... 024
- 湾塌坡峁梁 ... 030
- 古枣园 ... 032
- 车会沟 ... 040
- 人居聚落 ... 044

二、卧虎藏龙
- 卧虎湾与龙须湾 ... 050
- 磑里 ... 058
- 湾里 ... 060
- 沙塄上 ... 056
- 石塌上 ... 054
- 武氏家族 ... 064

三、余音犹存
- 人市儿 ... 070
- 戏楼圪洞 ... 074

七、激情岁月
- 石工队 ... 160
- 专业队 ... 164
- 生产队 ... 170

八、输水拦洪
- 顺水坝与拦河坝 ... 174
- 闷咕噜与倒虹 ... 178

九、渡无寻处
- 沿黄公路 ... 184
- 捞柴捞炭 ... 190
- 1976年船难 ... 194
- 艄公和纤夫 ... 196
- 宁河口渡 ... 202

十、野壑闻涛
- 重修佛堂寺 ... 208
- 山主白家塔,寺主泥河沟 ... 212
- 庙会筹备与管理· ... 220
- 三月十二庙会 ... 224

十一、灯转九曲
- 九曲黄河阵 ... 230

总序 农业文化遗产保护的有益探索

闵庆文

3月初,接到庆忠教授电话,嘱为其主编的新作作序。虽几经推辞,但还是答应了。"推辞"是因为感到无论是我的资历还是业务水平,都不足以为这套丛书作序,更何况庆忠教授一直是我深为敬佩的学者,其治学之严谨、成果之丰硕,均远在我之上;"答应"则是因为庆忠教授给出的理由让我难以拒绝,当然也存有一点私心,那就是想借助这套丛书广泛宣传一下十分重要但依然没有受到足够重视的农业文化遗产。

学界虽然对农业文化遗产的一些具体概念尚有争议,但有一点已经达成共识:对"活态性"的传统农业生产系统进行发掘与保护、利用与传承、研究与实践,源自联合国粮农组织(FAO)于2002年提出的全球重要农业文化遗产(Globally Important Agricultural Heritage Systems,简称GIAHS)概念,始于全球环境基金(GEF)和有关国家政府支持下于2009—2014年执行的全球重要农业文化遗产动态保护与适应性管理项目(Conservation and Adaptive Management of Globally Important Agricultural Heritage Systems)。该项目旨在建立全球重要农业文化遗产及有关的景观、生物多样性、知识和文化保护体系,推动世界各地认同这一机制,使其成为全球重要农业文化遗产可持续管理的基础。经过10多年的努力,GIAHS的概念已经被国际社会广泛接受。截至2016年底,已有16个国家和地区的37个传统农业系统被列入GIAHS名录。GIAHS保护、实践、探索工作也取得了显著成效,对于遗产地的生态保育、文化传承、经济发展都发挥了重要作用。

在国内外热衷于"现代农业"的时候,引导人们关注农业文化遗产,似乎让人匪夷所思。农业社会正渐行渐远，但蓦然回首，人们会发现，那一处处散布于各地并存在于农业文化遗产系统中的物种资源、农业景观、传统知识、农耕技术——这些人类社会数千年来在这个广袤星球上留下的智慧足迹，在保障食物安全、消除贫困、保护生物多样性、适应气候变化、传承民族文化等方面具有重要的现实意义，已成为多方问道求知的珍贵载体和实现乡村振兴与农业可持续发展的智慧源泉。

遵循"在发掘中保护，在利用中传承"的基本原则，中国农业文化遗产保护工作所取得的成就举世瞩目。

在国际合作层面，早在2004年的项目准备期，中国就率先响应并积极参与。农业部国际合作司、中国科学院地理科学与资源研究所通力合作，将"浙江青田稻鱼共生系统"成功推荐为首批GIAHS保护试点，并促使其于2005年6月成为第一个正式授牌的项目。目前，中国以11个项目成为世界上拥有GIAHS项目最多的国家。另外，中国还利用亚洲太平洋经济合作组织（APEC）、20国集团（G20）、南南合作（SSC）等多边和双边合作平台，积极推动GIAHS的保护理念，并举办了面向全球的GIAHS高级别培训班；发起成立东亚地区农业文化遗产研究会(ERAHS)，打造GIAHS保护的区域性交流机制；派出专家和工作人员参与FAO GIAHS秘书处工作，为GIAHS健康发展做出负责任大国所应有的贡献。

在国内工作层面，农业部于2014年成立全球/中国重要农业文化遗产专家委员会，聘请以中国工程院院士李文华为首的一批专家指导重要农业文化遗产保护工作。2015年，农业部颁布了《重要农业文化遗产管理办法》。农业部农产品加工局在中国科学院地理科学与资源研究所技术支持下,于2012年开始中国重要农业文化遗产(China-NIAHS)发掘工作,截至2016年底已分3批认定了62个项目。农业部国际合作司和国际交流与服务中心建立了中国GIAHS年度工作交流机制。2012年起,中国科学院地理科学与资源研究所自然与文化遗产研究中心编印双月刊《农业文化遗产简报》。2014年,中国农学会批准成立"农业文化遗产分会"。此外,《农民日报》曾开辟《农业文化遗产专栏》,中央电视台农业频道《科技苑》栏目摄制系列专题片《农业遗产的启示》,农业教育声像出版社摄制《中国重要农业文化遗产》,中国农业出版社组织出版《中国重要农业文化遗产系列读本》……

总体而言,中国的农业文化遗产保护工作已经成为"农业国际合作的一项特色工作",农业文化遗产保护研究与实践处于国际领先地位。农业文化遗产发掘与保护成为农业部的一项重要工作和促进农村生态文明建设、美丽乡村建设、农业发展方式转变、多功能农业发展和农业可持续发展的重要抓手。目前,农业文化遗产保护与发展的经济、生态与社会效益日益凸显,农民文化自觉性与保护积极性显著增强;科学研究不断深入,有效支撑了农业文化遗产保护工作,推动了学科发展与人才培养,初步形成了一支多学科、综合性的研究队伍;全社会对农业文化遗产价值和保护重要性的认识不断提高,多方参与机制初步形成。

泥河沟本是一个位于黄土高原、晋陕河谷腹地的不起眼的小山村,却因千年古枣园于2014年被FAO认定为GIAHS项目而闻名于世。

2011年10月,在老师兼朋友、《科技日报》记者李大庆先生的推荐下,我受邀参加了科技部扶贫团协助组织的"佳县红枣产业研讨会"。会上,我介绍了GIAHS项目并提出了"佳县古枣园"申报GIAHS的建议,得到佳县领导的响应和科技部的支持(佳县是科技部对口扶贫点),并受托承担申报文本的编写工作。正是通过这次机会,我第一次近距离接触泥河沟村的那片古枣园,感受了泥河沟的魅力。后经多方努力,"佳县古枣园"于2013年被农业部认定为第一批中国重要农业文化遗产,于2014年被联合国粮农组织认定为全球重要农业文化遗产。在2016年6月举办的"'十二五'科技创新成就展"上,科技部精心挑选并推出了一批科技扶贫典型案例,讲述了科技创新助推脱贫攻坚的精彩故事,展现了科技扶贫30年来特别是"十二五"期间取得的显著成效。其中,"红枣树成为致富林"是8个典型案例之一:泥河沟村千年古枣园是"全球重要农业文化遗产",为佳县红枣贴上了世界文化商标。《科技日报》《农民日报》等媒体以《另一种扶贫:保护农业文化遗产》《农业文化遗产保护:挖掘传统农耕技术内涵》《踏访全球重要农业文化遗产佳县泥河沟千年古枣园》为题进行了报道。后来,我曾陪同时任农业部国际合作司副司长、现任联合国世界粮食计划署驻华代表的屈四喜先生一行考察泥河沟。

我再次对泥河沟千年古枣园产生兴趣,是因为庆忠教授带领一批年轻学人深入泥河沟,发掘古枣园的潜在价值,重新唤醒深藏于村民心中的文化自觉和自豪感,为农业文化遗产保护进行有益的探索。

基于研究与实践,我曾撰文提出农业文化遗产保护需要建立三个核心机制,即以生态与文化保护补偿为核心的"政策激励机制",以有机生产、功能拓展、"三产"融合为核心的"产业促进机制",由政府、科技、企业、农民、社会构成的"五位一体"的"多方参与机制"。民间力量是农业文化遗产保护的重要力量。相对于其他国家,中国在这方面上还有较大差距,但也不乏亮点。对我而言,印象最为深刻的莫过于在佳县泥河沟村的工作过程中,来自学术界的庆忠教授团队与来自民间的香港乐施会之间的密切合作。庆忠教授是我在推动农业文化遗产工作中结识的一位朋友。虽然专业差别很大,但农业文化遗产让我们得以相识。其知识之渊博、见解之独到、思维之缜密、口才之出众、为人之诚恳、态度之谦逊,尤其是其过目不忘的本领、深入乡村的精神、关爱民众的情怀,让我非常敬佩。

以《村史留痕——陕西佳县泥河沟村口述史》《枣缘社会——陕西佳县泥河沟村文化志》《乡村记忆——陕西佳县泥河沟村影像集》为名呈现在我们面前的这套丛书,饱含庆忠教授团队的心血。他们在两年多的时间里,先后驻村60余日进行参与式调研。他们从搜集老照片、老物件入手,采访了百余位村民和县镇村干部,为古枣园、传统村落存留了2000余幅珍贵的影像图片和100多万字的口述资料。经当地民众和外部研究者的共同努力,一个没有文字记载的村落正从历史深处慢慢苏醒;拥有数百棵千年枣树的泥河沟村,这个多年依赖返销粮的黄河岸边的贫困村正逐渐鲜活起来;黄土高坡上守护滩地枣林、筑坝抗击洪涝、徒步40里山路只为背回一袋口粮的村民形象也渐渐血肉丰满。这种参与式调研回归了农业文化遗产保护的核心要义——谁的遗产?谁来保护?

这套丛书基于在泥河沟的具体实践回应上述问题,凸显了以下三个鲜明特色。

第一,以乡村文化为切入点,复活村民的历史记忆与社区认同。与诸多以农业文化遗产地经济发展为优先的实践不同，庆忠教授团队对泥河沟村的农业文化遗产保护实践将功夫扎向土地深处——首先与村民一起回望来路，既理清了一个贫困村转变成为"全球重要农业文化遗产地"的全过程，又盘点了村庄拥有的家底和资源。在这一过程中，久居"庐山深处"的村民重新发现了这朝夕相处的黄土地、祖辈相邻的黄河水的厚重与美好。

第二，将基线调研与社区发展动员相结合，为社区整体营造打下坚实基础。 作为一家以乡村减贫与社区发展为主要工作内容的民间机构，香港乐施会一路陪伴庆忠教授及其团队，希望探索农业文化遗产地保护与精准扶贫的有机结合之路，在泥河沟参与式调查的设计阶段就提出以社区营造为导向的在地文化记录。有异于绝大多数源于书案返回学院的田野工作，泥河沟的调研更加注重普通民众的参与行动。他们推动村庄成立了"泥河沟老年协会"，与那些在村里生活了一辈子的老人们讨论泥河沟发展的各种可能性；成立了"枣乡青年促进会"，吸引那些外出打工的年轻人关心自己的家乡，并尝试参与乡村旅游发展和特色枣产品开发；搭建"古枣园文化节""泥河沟大讲堂"等平台，不仅让外界多方有帮助的力量走进古枣园，也让当地文化和村民走上了展示自我的"舞台"。

第三，探索并诠释了多方参与、优势互补的农业文化遗产地保护机制。 以庆忠教授为代表的学术研究者、以香港乐施会为主的民间机构与当地政府及村民们密切合作，共同勾画出农业文化遗产保护的"泥河沟方案"，为中国农业文化遗产保护的"多方参与机制"创新做出了贡献。研究者对乡土社会深厚的关怀和扎实的专业积累，民间机构执着的实践导向和在地培育理念，以及当地政府和众多村民们孜孜以求奔好日子的渴望和干劲,在泥河沟这个小村庄中相遇、碰撞,彼此激荡助力。与此同时,合作各方还不断整合建筑师、摄影师、热心乡土文化的志愿者等更广泛的民间专业力量来到泥河沟,与当地政府和村民一起筹划传统村落的现代发展道路。

泥河沟的实践是超越于一村一寨的个体"试点",是在社区层面推动乡村建设行动的经验探索与理论先导。这套丛书的精华内容也将翻译为英文版与国际社会分享,期待泥河沟经验进一步拓展中国农业文化遗产保护思路、创新乡村社区减贫发展范式,促使世界农业文化遗产保护路径不断完善。

如何平衡农业文化遗产保护与当地经济发展?如何激发当地人的保护主体意识?如何整合政府、市场和民间力量共同推动农业文化遗产地的良性保护?这些关键问题通过庆忠教授及团队、香港乐施会等多方合作得以在小小的泥河沟村有所回应,与此同时我们也应看到,这些问题也一直是全球农业文化遗产保护工作中共同面临的挑战。中国农业文化遗产保护事业与消除贫困、促进乡村社会发展之间存在着高度紧密的关联。令人振奋的是,中国对农业文化遗产保护路径的探索也不断结合农村社区的减贫路径推动工作,致力于提高当地社会与民众对农业文化遗产的"活态"运用效率,改变过往"抱着金娃娃过穷日子"的窘境。无论是贵州从江稻鱼鸭系统结合产业扶贫发展、云南红河哈尼稻作梯田大力发展梯田旅游,还是湖南新化紫鹊界梯田以"梯田全球认租"模式将遗产保护与精准扶贫相结合等等,都是农业文化遗产地政府与村民从不同角度进行的有益探索。

几乎全程参与 GIAHS 项目是我的最大幸运,"做一点事、走一些地方、结交一帮朋友"是我的最大收获。这些朋友自然包括庆忠教授、香港乐施会的刘源女士!

中国古诗云:甘瓜抱苦蒂,美枣生荆棘。"佳县古枣园"是先民为我们留下的弥足珍贵的农业文化遗产,"全球重要农业文化遗产"的认定为黄河岸边久处贫困的泥河沟村带来了生机。衷心期待读者朋友从这套丛书中体会到当地枣园景观之美好、文化之深厚,体悟到当地民众生活之艰辛、生命之蓬勃。当然,更期待越来越多志同道合者阅毕掩卷之余,加入农业文化遗产保护的行动中来。

FAO GIAHS 科学咨询小组(SAG)共同主席

ERAHS 执行主席

农业部全球 / 中国重要农业文化遗产专家委员会副主任委员兼秘书长

2017 年 5 月 14 日

导言 ❖ 千年守望

孙庆忠

2014年4月29日,陕西佳县古枣园被联合国粮农组织(FAO)列入全球重要农业文化遗产(Globally Important Agricultural Heritage Systems,简称GIAHS)。在这片被称为枣树"活化石"的36亩古枣园里,共生有各龄枣树1100余株,树龄最长者已有1300多年的历史。身处其中,望群山环绕,闻黄河水声,不觉岁月流年;走出枣林,见袅袅炊烟,听羔羊咩咩,却叹时光穿梭。在这人与枣园和谐共生的文化系统中,相伴千年的枣树,目睹了窑洞院落里的人来人往,听惯了古戏楼里传出的悲欢离合。遗憾的是,枣园近旁的村落——泥河沟没有文字记载,世代相守的往事都潜藏在一辈又一辈村民碎片化的记忆之中。这部村落文化志是村民记忆的生动再现,在讲述和倾听的情境里,家乡的山川河流与风土人情跃然纸上。

陕北村落的文化特质

守护泥河沟村的两座山因神似金狮和银象而得名。在佛教文化中,文殊菩萨和普贤菩萨的坐骑分别是青面狮虬首仙和黄牙老象灵牙仙,这种物象的关联,既是大自然的鬼斧神工,又是村民的文化创造。正因为有了这神奇的传说,才让我们对这里的灵山秀水充满想象。"南北两山遍柴薪,车会沟里花果红。小沟养鱼蓄水坝,湾塌坡峁梯田化。"这是泥河沟村民在农业学大寨时期的豪言壮语,也是他们对家乡沟壑与川道的独特认知。龙须湾、沙塌湾、香水塌、坟塌、老鱼坡、大圪塔、炭窑峁、蒿峁、沙园梁、垴坪梁,这些内涵丰富的地名就是村庄水文和地形地貌最形象的表达。它们与戏楼圪洞、炉瓷坡、寨则上、紫柏崖坬、曹柳圪台、石瓜口头、湾崖地、后河上等人居聚落,共同构成了村民的生活世界。武氏石塌上、沙塄上、湾里和磁里四大家族在这里繁衍生息，续写了枣缘社会的历史与文化。

泥河沟村属于黄河沿岸土石山区，生态脆弱，旱涝灾害频繁。雍正六年（1728年）和道光二十六年（1846年）分别重修龙王庙和河神庙的碑文，记录了村民祈求龙王爷施降甘霖、洪水不犯良田的愿望。它们与村口的观音庙一样，是村民在多灾多难中得以生存下来的重要支撑，是"以解人之莫及之事"的精神力量。在村民的世界里，它们不被称为文化，那是他们生活的一部分。正是这些可触的庙宇以及可感的神灵，给老百姓带来了经年累月的心灵抚慰。每逢唱大戏的时候，庙里的神牌便会被请到戏楼圪洞的神位上，听闻戏楼里传出的悠扬琴声，尽享人间的供奉。每年正月初三到初五举行的打醮仪式，是村民感谢神灵、驱瘟解厄不可或缺的生活内容。在寒冷的冬日里，村民手持香火，转365盏油灯组成的"九曲黄河阵"，祈福一年的平安吉祥。除了这些村内的仪式活动，泥河沟村外的佛堂寺更是久负盛名。作为佳县最大的乡间寺庙，每年农历三月十二的庙会，周边十几个村落的民众就会麇集于此，在古老剧目的曲调中，重温祖祖辈辈熟悉的旋律与故事。

除了这些大型的庆典和祭典之外，村民还有自己的时间刻度，这也是他们特殊的文化展演。无论是担大粪给庄稼施肥的"奶菜"，还是作为村民生活技能的"浮河"，都蕴含着当地人的生活智慧，以及他们对劳动的情感和对生命的体验。每年入伏的第一天，村民就会沐浴黄河，不仅洗去一身的尘垢，还要洗去身上的病痛，这是他们对生活的一种积极想象。"六月六，西葫芦炖羊肉"，这是单调的劳作生活过后，老百姓在精神和肉体上的放松，也是终日与土地相伴的农民对于自己生活的装点。就像二十四节气记录时间的方法一样，正是这些与当地生产、生活节奏相适宜的活动和饮食，构成了村落生活周期的节点。

泥河沟村自古被叫作"汊道"，陆地上交通闭塞，因此主要依赖水运。村口的黄河渡口叫"宁河口渡",也是环村而过的车会河汇进黄河的入口。清乾隆二十九年(1764年)《葭州志》载:"宁河源出州北九十里马家沟,东流十五里经古宁河寨。南,又东南流四十里,至宁河口入黄河。宁河口渡,在州北四十里黄河上。"这是有关"宁河口渡"最早的记载。虽然渡口已经废弃,但艄公与纤夫的讲述却能鲜活地呈现往昔的图景。

作为乡村教育历史的载体,泥河沟有两个建筑最为醒目——十一孔窑和开章小学。从1953年的作为学校的四孔窑到1965年建造的六孔窑,从1977年开始修建的十一孔窑到2012年没有了学生的开章小学,它们记录了乡村生活的红火与日趋落寞的现实。与此类工程同样刻骨铭心的是,20世纪六七十年代修建的农田灌溉水利设施——闷咕噜和倒虹,以及为保护农田免受洪水侵害的拦河坝和顺水坝。这些公共设施的建设,倾注了全体村民的心力,也是那个充满激情的时代最为生动的物质见证。回首往事时,石工队在山上打石头,已婚妇女组成红色娘子军和未出嫁的姑娘组成铁姑娘战斗队,用拉拉车运石头、用瘦弱的身躯背石头的场景就会重现眼前。

泥河沟灾害频繁,其脆弱的生态环境决定了百姓生活的形态。村民从1955年开始吃返销粮,直到1993年还在吃国家的救济粮。在他们的生活中,这些痛楚的记忆都已散落在通镇背粮的40里山路上,都已埋藏在移民他乡的窘途中。即便如此,这故乡依然要爱,这枣园还是要守。法国思想家罗曼·罗兰说:"世界上只有一种真正的英雄主义,那就是认清生活的真相之后依然热爱生活。"这部文化志叙说的正是这种"英雄主义"的故事。

回归土地的现实召唤

2014年,我们走进泥河沟时全村213户806人,常年在村的158人中,有

111人年逾花甲。他们是管理900亩耕地和1000亩枣林的主力军。与绝大部分村庄的处境一样,这里类型多样的自然景观和传习久远的乡土知识并未转换成村庄发展的资源。中国30多年来的快速发展,日益改写着乡土中国的发展轨迹。2015年国民经济和社会发展统计公报显示:我国城镇常住人口为77116万人,占总人口比重为56.10%。在这个"漂移的社会"里,全国农民工总量已达27747万人。这些数字既是中国快速城市化的标识,也是乡土社会血缘和地缘关系松动、家族和村落文化衰微的真实写照。在城市中心主义的驱动下,数以百万计的村落已经消失。在繁华都市的映照下,乡村更像"废弃的生命"。在这里,累世传承的乡土知识备受冷落,被视为乡村生活灵魂的仪式活动渐行渐远,以养生和送死为核心的礼俗传统被置于漠然无视的境地。农民对家乡的情感爱恨交织,城市对乡村的依赖若即若离,寂寞村落里的农耕智慧无人问津,我们已身处集体失忆的边缘。这种失忆会使乡村少年失去家乡情感,使乡村青年无心在农村寻求发展,使乡村老人彻底丧失文化自信。

  作为农业文化的载体,传统村落所呈现的自然生态和人文景观,是当地人在生产和生活实践的基础上,经由他们共同的记忆而形成的文化、情感和意义体系。因此,它在当地人的集体记忆和身份认同中始终扮演着重要的角色。因此,在中国人的观念中,"田、园、庐、墓"浑然一体的乡村聚落既是记忆的风景,又是乡愁的栖居之地。在由血缘和地缘构成的乡土社会里,祖先与后辈共同传续的恰恰是生生不息的村落民俗文化。这也是我们刻意存留乡土、复育乡村文化的重要依据。然而,乡土的意义不止于此,村落的价值更在于它可以安顿心灵、拯救落魄的灵魂。法国人类学家玛丽·鲁埃通过对加拿大詹姆斯湾世代聚居的克里印第安人的研究,为我们提供了一个极富说服力的案例。二战以后,加拿大政府把印第安孩子送进寄宿制学校接受现代教育,目的是让年轻的印第安人忘掉自己的语言和文化，变成普通的加拿大公民。然而，结果并未如愿，学校教育使年轻人远离了他们的语言、他们的生活方式，以及他们父母的价值观，却没有使他们获得进入另一个世界的手段。这些年轻人无法在城市中生活，也失去了祖辈在山林中生存的本领，双重的失败把他们推向了绝望的深渊。在这种情况下，老一辈克里人将歧途中的年轻人送到祖辈的狩猎营地，使他们学会克里语言，重新获得捕鱼、狩猎的知识和技能，呈现了自然与文化环境特定的力量。这些重归土地之后的年轻人，重建了他们与生活世界的联系。更为重要的是，他们在这里活出了自己的自信，建立了自身与祖居地之间的内在的精神联系。老一辈克里人依靠回归土地的方法，医治了教育的创伤，拯救了迷失的一代。这个故事说明了"回归土地"的特殊意义，也为人们在现代魔性造就的不安中寻求生活的本质，开辟了一条情感归属的道路。

乡村发展的美好愿景

"土地的黄昏"是乡村的共相，也是社会剧变中乡土中国的缩影。但文化复育下的泥河沟村却有了些许的不同，这也许会为我们勾勒理想的乡村类型提供了一种可能。我们通过采录口述的方式再现村庄往事，虽然无法追溯与千年枣树同在的村落历史，却可以用文字、用声音、用图片捕捉生活的瞬间，记录生活的片断。在村民共同的追忆中，久违的乡情纷至沓来，浓浓的亲情如期而至，曾经的仇怨冰释前嫌，童年的情谊再袭心头。我们也因此认为，有一种类似于宗教的力量可以拯救乡村，那就是村落生活中祖祖辈辈携带的集体记忆。

在寻找各种乡土重建路径的今天，有一种普遍性的认识——村庄的希望是让外出者回流，让更多的年轻人留在村里。这的确是乡村建设的愿景，但我们要充分认识一个基本的现实问题,如果让年轻人回归,必须有情感的归属,必须有产业的支撑,否则他们就没有生存的基础。这是乡土文化复育的重要前提。此外,我们所生活的这个时代,农业科技的进步已经为节省人力创造了条件,劳动力的转移已成必然趋势。从人性关怀的角度视之,现代化已经拓展了村民的生活视野,年轻人有资格享受全球化时代的福音,没有什么理由把他们禁锢在土地上。如果有条件有机缘,他们不仅要走出家门,还要走出国门,去体验生活的意义和生命的价值。但这并不意味着他们背弃了故乡,所有的村民都可以通过现代信息手段,享受他们村里的生活,只要他们还心系村落,始终把这里作为牵挂的故乡。对泥河沟而言,武姓四大家族的子孙,每当清明节到来之际、每逢中秋月圆之时,都能把情感投掷在这里,那么再远的距离、再久的等待,不都有了精神的归属吗?!

我们走进了枣园近旁的村落,将村民记忆中的往事转换成了定格的历史。在这些有形的和无形的文化遗产中,潜藏着千年枣树守望的文化基因。其现实价值在于,让那些为生活忙碌、为生计漂泊的年轻人,不忘祖先的历史,让年迈的老人能因存留前辈的记忆而有一份生存的尊严。就更长远的意义而言,共同的记忆是一条连接着祖先和后辈的精神纽带,是整合村落社会的精神力量。它让我们始终带着祖先的生存智慧,坚定而从容地走下去。因此,它虽讲述的是过去,却直指当下,更关乎未来。

三面环山的泥河沟村 摄影©计云

一、世外枣园

金狮银象

泥河沟村群山环绕，地形复杂。崎岖险峻的山路再加上黄河这一天然屏障，使其封闭而独立。也正是这种与外界的相对隔绝，不但保留着延续千年的乡村景致，而且传承着祖辈培植枣树的农耕智慧。徜徉于泥河沟村，枣树荫蔽的道路，远离尘世的喧嚣与浮华，仿佛置身天外仙境。村民武鹏曾这样描绘村庄的美景："青山环抱清溪流，鱼儿逍遥嬉戏游。红枣累累叶掩村，十里长川风景优。"

2011年，村民重修《武氏族谱》，追忆先人足迹，犹如一次庄严的朝圣之旅。他们发现先民定居的泥河沟村，恰是一片无纷扰争吵、无战乱祸患、"黄发垂髫，并怡然自乐"的世外桃源。老人们听祖辈讲，先民为躲避战乱而初到此地。当时还一片荒芜，先民最早在石崖上"挖个洞洞"居住，靠采食野枣、猎捕动物生存。泥河沟村三面环山，三面大山犹如厚实的城墙，而黄河好似宽阔的护城河。特别是村东口南北两座相对的大山，像门神一样，共同守护着这一方人间乐土。北边的山头高高隆起，犹如昂首挺胸、仰天长哮的雄狮。日出时，太阳照在裸露的石头上，反射出耀眼的光辉，因此这座山被称为"金狮山"。而南边的石山相对绵延平缓，仿佛一头小象的长鼻子，伸向黄河吸吮玩耍。阳光照在石山上，洒满一层银白色的光辉，透出一种调皮可爱、活泼灵动，因此这座山被称为"银象山"。

金狮山和银象山，正像文殊菩萨的坐骑青面狮（虬首仙）和普贤菩萨的坐骑六牙白象（灵牙仙）这两尊灵兽一般，千百年来守护着泥河沟这一方灵山秀水。泥河沟一直以来与佛家渊源深厚，其与崖畔村交界处历史悠久的佛堂寺便有"地属白家塔，庙主泥河沟"之说。金狮山与银象山耳听黄河

金狮山与银象山远景 摄影◎侯玉峰

涛声逝水而去，眼看春生草绿和秋叶枯黄，见证了这里一代又一代人的生老病死，目睹了家家户户的喜怒哀乐。关于这两座高山，老人们口口相传着一个美丽的传说：

传说很久以前，泥河沟原名"银河沟"，因为此地埋藏着无数金银财宝。当时是四面环山，金狮山与银象山连为一体，泥河沟正处于这个封闭的"聚宝盆"里。只有临黄河一面的山下有一个小洞，车会河从这个小洞流出汇入黄河。由于是在大山脚下，这个小洞很难被人发觉，所以村民世代都过着与世隔绝的生活。小洞非常狭小，仅容一条小船通过。村民站在船上，只有猫着腰才能前行。穿过这个小洞，便豁然开朗，漫山遍野的枣林映入眼帘，枣树林立，枣花飘香。后来，一群南蛮子发现此地，认为此地有宝，于是在洞外施展巫术，欲将宝物从山中吸出来。但是上天不允，于是开始打雷下雨，洞口的石头被炸掉，洞口被弄垮。山洪暴发，泥浆迸溅，从山中流出来的并不是金银财宝，而是乱石泥水。南蛮子大失所望，说这哪里是"银河沟"，而是"泥河沟"。山洪过后，临黄河一面留下巨大的豁口，山体断裂为两截。由此，北边的山成为金狮山，南边的山成为银象山。

当谈起这个传说的时候，村民们同时体验着虚幻桃花源带来的神秘感与现实枣林源带来的真实感。虚幻与现实交织在一起，增强了村民们对乡土的热爱之情。不只是村名背后有传奇的故事，村里的地名、动植物也是如此，比如引人入胜的"金马驹的故事"与"一步墕芦草的故事"。

金马驹的故事

相传很久之前，顺着车会河往上四五里，一个水潭里藏着一匹金马驹。它是村中的宝物，白天食两岸的灵芝仙草，晚上就蛰伏在潭中栖息。它拉的是黄灿灿的金子，尿的是白晃晃的银子。这个水潭深不可测，将四五根三米长的打枣竿子绑起来往下探，也探不到底。后来，一老一少两个南蛮子

金狮山的"狮首" 摄影◎侯玉峰

左金狮，右银象 摄影◎武雄

来到村中，欲盗取金马驹。怎奈金马驹深藏水底，捕获非常困难。于是南蛮子将一粒葫芦籽交给本村一老汉，嘱咐他一定要精心耕种，等整整100天后才能摘下葫芦。老汉认为两个人形迹可疑，于是故意在第99天的时候摘下葫芦，交给南蛮子。南蛮子将葫芦劈成两个瓢，想舀干潭中的积水，但是因为葫芦长的天数不够，潭中的水怎么也舀不干净。于是老南蛮子让小南蛮子拿着辔头站在潭边，他下去找金马驹，嘱咐小南蛮子等他找到把手伸出来的时候，赶紧将辔头递过去。但是，老南蛮子下去很长时间也没伸手，小南蛮子焦虑不已。突然，一只簸箕大的手伸了出来，小南蛮子吓得魂飞魄散，扔下辔头扭头就跑。潭中的老南蛮子没了帮手，金马驹挣脱了缰绳，一口将他咬死，水面被染成血红色。从此，南蛮子再也不敢打金马驹的主意。老人们说，时至今日金马驹还生活在深水潭里呢。

一步塌芦草的故事

相传离泥河沟20里的某个地方，叫一步塌。那里有一株芦草，是周围地区的宝物。芦草有碾盘那么粗，直径大概有两米。两个南蛮子为了破坏村中风水，不让村中出现达官贵人，欲盗取宝物。但芦草巨大，南蛮子第一天没有刨完。等到第二天再来时，刨过的地就似没动过一样。南蛮子又想拿锯条将宝物锯断，但是使出浑身解数，芦草却丝毫未损。正当俩人心灰意冷之际，一位邪神托梦给南蛮子，说"欲得芦草，须用芦草之物，用芦草叶锯开芦草，宝物自可得也"。二人依计，果然将芦草割开。芦草被割开后，流血三天三夜不止。再取时，芦草已如常物，而鲜血覆盖之地便形成了这片茂密的森林。泥河沟人说，其世代受穷，而无显贵之人，皆因此。

这三个故事传承着老辈人对村庄的记忆，同时还教化后人:忌贪婪与远怠惰。除了这些寓意丰富的地名，最令泥河沟人难以割舍的就是他们生养成长的家户庭院。泥河沟人的家户庭院是极具特色的陕北窑洞，满藏着留恋与牵念的生活记忆。多少代人，从窑洞出出进进，由顽皮的孩童变为白发苍苍的老人。多少代人，儿时睡在窑洞的火炕头，听父母讲曾经的故事；长大后离开村庄，去外面的世界追寻梦想；年老之后，念念不忘的还是那一口经历风吹雨打的窑洞。多少代人，共同演绎着一部不知从何时开始，绵延无尽的窑洞家户史。

（文 / 宗世法 郭天禹）

金狮银象守护下的窑洞庭院，满载着一代代泥河沟人的生活记忆。　摄影◎侯玉峰

湾塌坡峁梁

"南北两山遍柴薪,车会沟里花果红。小沟养鱼蓄水坝,湾塌坡峁梯田化。"这是泥河沟村民在"农业学大寨"时期的口号。短短四句话饱含村民自力更生、艰苦奋斗的执着信念,也展现了泥河沟的水文和地形地貌。

泥河沟村属于黄河沿岸土石山区。她不像黄山、九寨沟,奇峰怪石、秀美壮丽;她不似西塘、乌镇,温婉娴静,淡妆浓抹总相宜。远远近近的山峦,纵横交错的沟壑和川道,在大自然黄色的褶皱中,世世代代的泥河沟人过着怡然自得的日子。依据位置、海拔、形状等因素,人们对不同的山势地形有着不同的叫法,湾、塌、坡、峁、梁就是其中的典型。

水流弯曲处便是湾,纵横交错的细纹连接着此山彼水,滋养着整个村庄的瓜果树木,养育着一方人。水蜿蜒曲折,环抱着一片平整的土地,这就是塌。水流在转弯处留下养分,沙土也在此沉积,土质疏松,适宜枣树根系的伸展和呼吸。坡,顾名思义,山上倾斜的部分都是坡。村民连一丁点儿的土地都不舍得浪费,在陡坡上依然整整齐齐地栽种着玉米等作物。俗话说,"石山戴土帽,胶泥夹石炮"。沿着坡向上,便会来到"山的帽子"——峁,这是村里人对浑圆的山顶的称呼。两个相反的斜坡在山的最高处相遇,相交形成脊状地貌。这条水平的脊状线就是梁,梁也是两峁之间的连接。在村民的世界里,湾(卧虎湾、沙塌湾、阴湾、石窑湾)、塌(香水塌、坟塌、石碾上、道道渠、曹柳圪台)、坡(老鱼坡、大圪塔、圪都场、阳条、背则)、峁(炭窑峁、蒿峁、杏李峁、寨峁、孔家峁)、梁(沙园梁、垴垰梁、塌庙梁、庙对梁、场梁)既是村中的风景,也记录了他们世代生活的足迹。

(文 / 江沛)

沙塌湾　摄影◎侯玉峰

水边的平地——塌　摄影◎李攀

山倾斜处——坡　摄影◎于哲

山的帽子——峁　摄影◎于哲

两峁的连接——梁　摄影◎李攀

◈ 古枣园 ◈

走进泥河沟村，一片郁郁葱葱的枣林便映入眼帘。东起湾崖地，西至马马石，南至车会河畔，北至岔路畔，这 36 亩枣园便是冠以"陕西佳县古枣园"的全球重要农业文化遗产。这些古枣树树形奇特，或挺拔高大，或枝杈旁飞，或盘根错节，或咬住岩缝顽强屹立。有的虽折枝断臂却伏地再生，有的虽折腰地上却依旧枝繁叶茂。尤其是几百年、上千年的古枣树，"岁老根弥壮，阳骄叶更荫"，其如卧龙般的虬枝伸向天空，尽力汲取阳光，吸收雨露。这片古枣林是迄今为止世界上发现的栽培历史最长、面积最大、品质最好的原始枣林，共有各龄枣树 1100 余株，其中干周在 3 米以上的有 3 株，2 米以上的有 30 株，1.5 米以上的有 106 株，1 米以上的有 300 株。其中"枣树王"经专家鉴定有 1300 余年树龄，树高 8.3 米，干周 3.41 米，冠幅 13.4 米，需要两个半人才能抱拢，分开的两枝拧合着向上生长，至今年产枣百余斤，被人们称为枣树的"活化石"。在"枣树王"周围，仅次于它的上千年枣树还有 10 余株，皆根深叶茂，果实累累，形成了一个奇丽多姿的古树群。枣树多代同堂，子子孙孙，各得其所，保留着较为原始的生长状态。在泥河沟村附近的几个村子里，虽还散落着几株古枣树，但相邻连片的古枣林群落实属罕见。更让人惊喜的是，泥河沟村的这片古枣树群落呈现了从野生型酸枣、半栽培型酸枣、栽培型酸枣到栽培枣的完整驯化过程，有力地证明了这里便是枣的源头和故乡！

佳县降水总量少而年际变化率大，年平均降水量只能满足农作物需水量的 1/2；自然灾害频发，主要有干旱、冰雹、霜冻、洪涝、大风、虫害和地震等。其中旱灾、雹灾最多，占自然灾害总数的 92% 以上，有"十年九旱八雹灾"

与村落伴生的古枣园 摄影◎李攀

之说。由于处于农牧交错地带,毛乌素沙漠缓慢南侵,佳县逐渐形成东南黄河沿岸土石山区、西南丘陵沟壑区、北部风沙区三个有明显差异的地貌分区。泥河沟便位于东南黄河沿岸土石山区,山高,多为石山戴土帽;沟深,多为石沟;崖陡,石山兀立。由于地处黄土高原,又是季风气候,土石为主的山地很难存留雨水,因此水土流失严重。恶劣的自然条件使得泥河沟很难像平原地区那样大面积种植农作物,而耐寒耐旱、生命力强的枣树被称为"穷人家的孩子",自古就成为泥河沟的作物品种。

历史上,泥河沟常常灾害连连,粮食往往歉收,枣树却年年挂果,岁岁丰产。红枣一直是泥河沟百姓的"救命粮"。枣树被当地人称为"铁杆庄稼""保命树"。村民自信地宣称:"只要树上有枣,就饿不死人","只要枣能塞进鼻窟窿眼儿,就饿不死人"。枣树是村里最重要的农作物,养育了世世代代的村民。村民则不断培育枣树品种,看护枣园,与枣结下了千年之缘。

2006年,在守护枣园36年之久的佳县红枣产业办主任高峰的倡导、时任县长张小明的支持之下,古枣园的中心区域竖起了一座雕刻精致的石碑。碑中央雕刻着时任榆林市委书记周一波题写的"枣源"二字,庄重典雅,给千年枣园增添了丰富的文化内涵。此"源"非彼"园",高峰凭借自身常年对红枣的研究和对全国红枣情况的了解,坚定地认为这里便是红枣的发源地。

在"枣源"两边,有一副对联——"心血用在百姓上,身体融入万木中"。这是人们对枣树无私奉献精神和朴实低调品质发自肺腑的赞叹。"心血用在百姓上",指枣树将从干旱贫瘠的土地中吸收的水分转化为养料,并将大部分贮藏在果实里,慷慨地献出红枣供人们食用;而"身体融入万木中",指枣树无论是朴素的叶子、淡黄色的小花,还是弯曲的枝干,都显得低调而不张扬,含蓄而不显山露水。这不但符合中国人的为人之道,而且是一种谦逊的生活态度。石碑的背面,是由榆林市文联陈继春撰写的"千年枣林碑记"。碑记首先描述了枣林的繁盛,然后浓墨重彩地详述了枣树的精神。

古枣园冬景　摄影◎贾玥

千年枣林碑记

人生短暂，事随人寂，勒石旌表，留名垂世，斯乃世人树碑之由也。泥河沟百余株枣树，非人也，虽历千年风霜，而干若卧虎，枝如盘龙，绿叶繁茂，红果溢馨；株株为不朽碑铭，何借乎顽石拙文哉！然人皆知枣之利用，而未识枣之精魂也。为枣立言，其可乎！

枣，千万年前棘也，周身带刺，结果酸涩，门微品下，禽兽不目，所幸约七千年前，与中华始祖结缘，人以爱心育枣，枣成上品，枣倾全身利人，人渐文明，人心枣魂，互爱相因，情深意长也。而人际之间，利己为心，人岂不及草木焉？且夫世之人于草木之择，亦喜名花艳色，美誉之，金贵之，珍藏之，固宜也。至于枣，花微色淡，无媚俗之心，处苦瘠之地，蔚然成林，献一身甘果，乐于清贫，蜕棘撒卫，善待众生，冲风冒雪，裸体沉静。其与名花名木，不攀比，不妒矜，虚怀素志，亮节高风。凡此德能，岂逊于松竹梅兰乎！或以为名花名木，植物之贵族也。枣，植物之平民也，岂可相提并论哉！而事物所以贵贱者，因人而贵贱也。倘君子精英，以贵名花名木之情爱枣，枣岂不贵哉！

此地为枣之故土故乡，枣之源头也。惠泽万物之黄河底蕴与厚德载物之黄土情怀，铸就大枣之精魂也。故生深沟僻壤，济世之志，未敢或忘也。若使漫山遍野之枣林与千家万户之枣农，汇若大河，东流入海，必能与世界交流交融，共建人类之博爱。枣之欲言，其言哉！

陈继春撰于公元二零零六年九月六日
书丹王焕立 雕刻刘福生

洋洋洒洒的"千年枣林碑记"不但讲述了枣树在人类的培育下由酸枣向甜枣演化的历史，还赞美了枣树"倾全身利人"的无私奉献精神，更昭示了枣树与世无争、乐于清贫的"高风亮节"的君子精神。枣农辛勤耕耘、精心守护着自己的千年枣林，枣树像看家护卫的神兽一样守望着质朴的枣农。

枣源碑　摄影◎康宁

037　枣缘社会　◇　陕西佳县泥河沟村文化志

于是，说不清是枣园围绕着村落，还是村落映衬着枣园，枣园与村落早已融为一体，枣树与人们也结下了难解难分的千年之缘。而对联"大地情怀高天境界，长风气派黄河精神"集中描绘了这种天、地、人、枣一体的波澜壮阔与精神内涵。据村民讲，"能听见黄河水响"的枣子最好吃，这是多么富有诗意的画面啊！

枣树的品质不仅体现在其耐寒耐旱与无私奉献，更体现在它海纳百川、"身体融入万木中"的包容。枣树的枝叶并不遮天蔽日，透光性非常强，树底的通风很好，所以能够为其他植物创造良好的生长条件，适合与其他作物间作。一般在幼树期间，枣树下种植土豆、黄豆、谷子、绿豆、红薯、各种蔬菜等低秆作物；待6～7年后，逐渐少种农作物或种各类豆科作物，另外散养家禽。在庭院枣林中，多是与葡萄、梨、苹果、杏、花椒混种，树下适当种植西红柿、辣椒等。千年枣园内，除了枣树，还生长着花椒树、杨树、榆树、臭椿树、杏树等树木。枣农在枣树底下平整土地，种植蔬菜瓜果等生活所需。枣粮间作、枣果间作以及庭院复合经济丰富了农产品种类。此外，枣树生命力顽强，管理简单，枣农有更多的时间打理枣树下的小菜园。浇水时，水分先被蔬菜瓜果吸收，渗入地下后被枣树吸收，由此形成了令人赞叹的立体种植系统。六月的初夏，郁郁葱葱的枣林顺着河岸舒展，满眼生机盎然。林下瓜果蔬菜，点缀其中。傍晚时分，夕阳穿林而过，林子里洋溢着一份朴素的温暖。

在这样一日一日的循复中，窑洞慢慢倾颓，又不断重修；老人慢慢故去，新一代又茁壮成长；而家门口的枣树，却一直守望着村庄，目睹着窑洞院落里的人来人往，倾听着古戏楼里传出的悲欢离合。每一株枣树都印着泥河沟人不同历史时期的生活痕迹，每一株枣树都是泥河沟村的文化符号。这些枣树代代传承，根脉相连，谱写着枣树家族的历史。而枣树下生活的武氏村民，也像枣树一样，甘于平凡，勤劳吃苦，默默奉献，不断谱写着生生不息的家族史。

（文 / 宗世法 李妍颖）

十月枣红,雀鸟们也来分享丰收。 摄影◎康宁

◇ 车会沟 ◇

车会沟源于刘国具乡大舍窠村,从高山奔流而下,经朱家坬镇前何家坬村,在泥河沟村口处与黄河相连,全长 25.3 公里,流域面积 148.03 平方公里。它为泥河沟人提供了生命的水源,牵连着村里人的悲喜,穿连起村内外散落的景观和风物。这些景观和风物如同瓜藤上的瓜果,一个接一个,既独立又连贯,既分离又统一。

溯源而去,夏日的车会沟沿途风光旖旎,草木茵茵,大大小小的石块错落有致,别有一番韵味。若是一朵乌云飘过,淅淅沥沥的雨从天而降,山边的岩缝便是最佳的避雨之所。云散天晴,阳光下的山峦或明或暗,突兀的峰巅之上,隐约可见火红的椿树。从炉瓷坡(开章小学)出来,穿过戏楼圪洞,绕过后河上,过了曹柳圪台,就到了小园子沟,夹在坡与坡之间。继续往上游走是大园子沟,两沟对面叫老鱼坡,形似一条畅游的鱼。拐过一个急弯,山势变得平缓。从空中俯瞰,起伏的山包宛如葫芦,村里人称这片地方叫葫芦蛋。一路上,山水相依,沟峁相连。越过下一个大弯是蒿峁,再拐过一个弯是炭窑峁。紧接着,车会沟的两条径流在小沟门处汇聚。支流沿岸的山脉恰似两根龙须,将高山之间隆起的虎形山丘环抱其中。山石若卧虎,波荡龙须湾。因此,这片风水宝地被称为卧虎湾,也叫龙须湾。

玩水是泥河沟人童年生活中最重要的部分,车会沟则是戏水的好去处。夏天,满山的绿意渐渐浓重,顽皮的孩子常趁着午休时间去河里耍,去享受大自然馈赠的凉爽。为了安全,老师不允许学生去玩水。但是在炎热的伏天,孩子们怎能抵挡住清凉河水的诱惑?于是师生之间的"游击战"就此展开。男孩子几乎每天都耍水。下午到学校时,老师会问他们:"你们耍水了?"他们回答说:"没耍!"同样生长在黄河边,老师更有经验。耍完水跟没耍

车会沟沟口 摄影◎李攀

水是不一样的，用指甲在胳膊上轻轻一划，有白印就说明耍水了，想抵赖都不行。抓鱼、抓鳖也是泥河沟人童年时光里不可或缺的记忆。那时河水湍急，鱼和鳖特别多，经常能逮着大鱼。孩子们从家里偷了调料和瓷杯，逮了鱼以后，在河沟里点火炖着吃。一个夏天过去，孩子们都晒得黝黑。

到了收获的季节，一颗颗枣子已经红透，在枝头挂着，闪烁着玛瑙般红艳艳的光芒。此时的千山万壑呈现黄土的颜色，光秃秃的，如同赤裸的巨人。连绵的黄土依旧是泥河沟冬天的面貌，万物归于沉寂。北风赶着乌云，岩石黑青似铁，峭壁如刀矗立，身后是漫无边际的黄土，而孩子们的欢乐游戏给寂静的村庄带来生机与活力。寒冷的空气冻实了河水，滑冰便成为最佳的娱乐方式。冰车是孩子们滑冰时的玩具，底下是两个桌子腿，上面是几块横放的木板。用两根冰锥，或者将粗一点的铁丝折弯，就可以撑着冰车在车会沟里玩。不同的冰车各有特色，大的、小的，精致的、简陋的，但总体上形状一样。木匠家的冰车自然是做得最好。等到开春，冰化开一些，孩子们便拿一根棍子站在冰上面漂来漂去。玩到兴奋时，他们会暂时把安全抛到脑后，因此掉进冰窟窿是常事儿。弄湿衣服怕被大人打，孩子们就打野火，把衣服脱下来烤。有的时候，棉袄被烤烂了，棉裤也被烤烂，尤其是布鞋的鞋头，烤完呈黄色，若烂个口，就不能穿了。待枣树抽出绿丝时，解冻的车会沟又会宽阔起来，滋润着两侧的山体。孩子们拥抱着明媚但又不晃眼的阳光，悠扬的歌声在沟壑间飘飘荡荡。

车会沟记录着孩子们的欢歌笑语，也承载着泥河沟人的汗水与希冀。从车会沟出发上老鱼坡，是去通镇背返销粮的路线之一，途经孔家峁、小李旺村等地，走上半天，便能到达通镇。往返40里的土路，村民每个月都要走上一回。从20世纪50年代起，一走便是数十年。几十斤的粮食扛在肩上，贫苦的印记爬上眉头，沉甸甸的担子落在心头。"农业学大寨"时期，村民干劲十足，改良土壤，凿渠浇树，期待着花果红满车会沟。人们的汗水融入车会沟，浇灌着泥河沟这一方土地。

（文／江沛）

车会沟地景俯瞰图 绘图◎榆木先生

◈ 人居聚落 ◈

泥河沟人对村子的各个区域有着习惯性的称呼。走过漫水桥,迈进村子,径直向前,便是村委会大院,也是曾经的开章小学。这片区域被称为炉瓷坡,带有"世其昌"和"鹭涛凤彩"字样门匾的古院落就坐落于此。炉瓷坡的东北方向有一块狭长的区域,那是湾崖地。二者交界的东侧是九曲坛,每年正月初三到初五的打醮仪式就是在这里摆开黄河九曲阵,祈福禳灾。从开章小学出来,西边的丁字路口就是人市儿。道路两旁是砖砌的羊圈和枣园护栏,引水渠沿着道路蜿蜒向前。穿过人市儿,便到了戏楼。戏楼坐南朝北,对面是神楼,也就是圪洞。因此这一带被称为戏楼圪洞。戏楼旁的空地上垒着一根根废弃的木头,清朝时打下的那眼水井依旧奉献着甘泉。从早到晚,木头堆上、围墙上、戏楼里总是簇拥着一群村民,或蹲或坐,谈天说地,大到国计民生,小到鸡毛蒜皮。圪洞下的院落里完整地保存着"明柱抱厦"这种具有陕北特色的建筑样式。带有"五福堂"和"树德务滋"字样的古院落藏秀于这片老宅子中,精致的绣楼院风韵犹存。这三片区域中有34处宅院,36亩古枣园在它们面前延伸开来,守望着泥河沟。

与戏楼圪洞和炉瓷坡"三足鼎立"的是寨则上。坐落于寨则上的十一孔窑是昔日的学校。若是傍晚,夕阳的余晖为窑洞披上金纱,便又增添了一丝历史的厚重与神秘感。"闷咕噜"位于后河上的西北角,能提高水位为地势较高的田地供水,也可调节河水流量,起到拦洪蓄水的作用。车会沟从寨则上和后河上之间划过,逆流而上是龙王庙。龙王庙的旧址在村北紫柏崖圪的东南面。这是村中最大的一片区域,院落数量在村中排第二。比它多一处院落的曹柳圪台在村子的最西侧,有42处宅院。石圪口头在紫柏崖圪

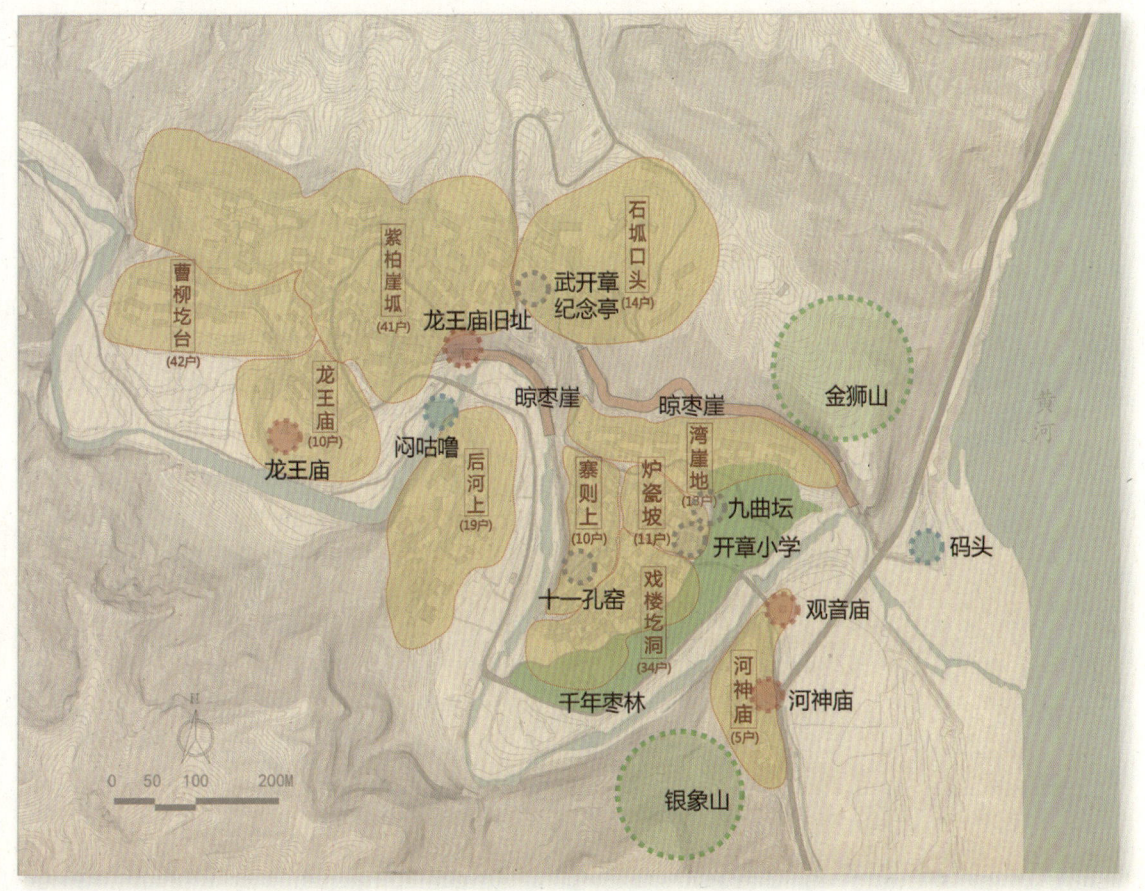

人居聚落与主要景观 制图◎林艺苹、江沛

的东侧、村子的北侧,与湾崖地隔山相望。山腰上的武开章纪念亭俯瞰着村庄,山侧面的晾枣崖诉说着丰收的故事。

河神庙在村口西南的银象山上,周围分布着5户人家,这片区域也因此得名"河神庙"。站在庙前远眺,黄河时而平缓、时而激荡,人们心中的杂念往往会被荡涤得一干二净。山脚的枣林掩映着观音庙,庙里供奉着观音菩萨和枣树王菩萨。

(文 / 江沛)

寨则上区域俯瞰,左下角为开章小学。 摄影◎侯玉峰

二、卧虎藏龙

◈ 武氏家族 ◈

传说元末战乱四起，水旱灾害不断，中原民不聊生，但当时的山西风调雨顺，晋南人口稠密。明朝建立以后，为了振兴农业、发展生产，便鼓励向外移民。其中，洪洞大槐树下迁出的人最多，也包括住在那里的武氏家族。因此，人们以为泥河沟武氏的始祖也是从洪洞大槐树下迁来的。但据佛堂寺三世古佛殿内的石刻记载，北宋仁宗赵祯天圣六年（1028年）正月十八日，武得先因军粮紧急，将自己分到的祖业茔河湾东的一块地卖给佛堂寺。在石刻《地契》上，中见人武朝苏、武朝帅等字样仍清晰可见。据此推算，早在北宋时期，泥河沟武氏先民就和邻村共同修建了佛堂寺。佳县武氏家族的始祖可追溯到盛唐时期的武和、武顺两兄弟。那时没有强制移民的记载，因此，武和兄弟很可能是在武则天被逼让出皇位后，为躲避李家追杀而隐居于此的。他们定居过的古址叫武和家沟，位于如今的通镇桑沟村。

寻根知源、收族归宗是中国人长久以来的惦念。这种对祖先的思念经数代而不减，是一种永恒的情结。泥河沟的各个家族有着自己的忆志簿，记录着先人的名字。除了第1代始祖武和、武顺，第10代武得先、武得业，第11代武朝苏、武朝帅、武朝宰、武朝兴、武朝荣以及第24代武润五兄弟，其余的祖先不得而知。五兄弟中，老大武润是东庄（今沙湾村）武氏的祖先，老二武淮、老三武科、老四武第、老五武庚均定居于泥河沟，分别是石塌上、沙塄上、湾里、碨里四个家族的祖先。长久以来，武氏家族繁衍生息、枝叶硕茂。第31代武兴书是新家谱中辈分最高的武氏后代。至新家谱完成时，泥河沟武氏家族在世9代人，第40代至第48代。

早在2002年，80岁的武鹏撰写了一份文稿，探讨武姓的古代史，表示"不

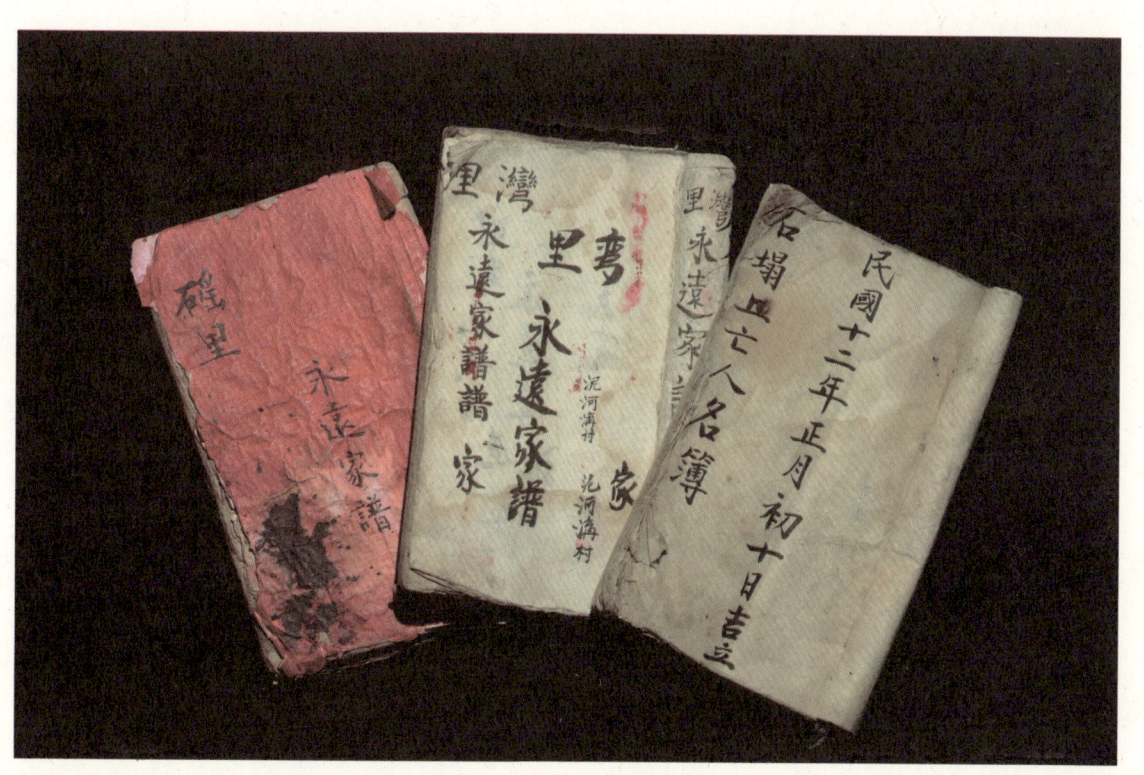

碾里家族永远家谱、湾里永远家谱、石塌上家族亡人名簿　摄影◎侯玉峰

愿让祖先的简历失传"，希望子孙记住先辈并传承下去。2011年11月，《武氏家谱》的编修工作正式启动。2014年国庆节，武氏家族在始祖定居过的桑沟村举办了隆重的颁谱仪式。

千年枣园，黄河惊涛。在这样的自然环境下，泥河沟人过着贫苦的日子，民风淳朴敦厚。至2014年底，全村213户，806人，除了两户高姓人家，剩下皆为武姓，是一个单姓宗族村。据武岳林讲述，村里的高姓人家本是山西第八堡人，是武氏第6代祖先的外甥，其弟兄之间曾因争家产发生内斗。武氏就到黄河对岸给外甥撑腰，不料打断了高家一个人的腿。对方一纸诉状告到县里。情急之下，武家人打死了县里派来的一个官员。两家陷入长达三年的官司漩涡，都消耗了大量家财。武家人担心外甥在山西继续受欺负，就把他们带回了泥河沟。原先，村中刘姓、李姓人很多，观音庙前乾隆年间的古钟上就刻有刘、李、武三家人的名字，雍正六年重修龙王庙也有他们的参与。据说后来一场瘟疫使刘、李两家逐渐萧条，武姓则愈发兴旺，延续至今。

人，依靠土地而生，死要回归土地。自古以来，人们倾向于将家族兴衰、个人荣辱与风水联系在一起。"田、园、庐、墓"是乡村聚落的基本形态，除了家屋的布局外，坟茔的地脉、山水是风水观念最为直观的体现。

（文／江沛）

泥河沟村附近的佛教胜地佛堂寺主窟内保存有一块北宋石刻地契，记载了武氏先祖武得先的一段往事。 摄影◎贾玥

❖ 石塌上 ❖

石塌上是泥河沟武氏四大家族之一。第 34 代祖先武亨坐是有记载的最早的石塌上人。沿着车会沟逆流而上，经过九转十八弯，路过香水塌，在两山之间、车会沟旁出现一块塌地，便是石塌上家族的坟茔——沙塌湾。据石塌上家族的后人武方强说，那是泥河沟排场最好的一个地方，埋了他们家族五辈人，共 13 座坟。坟茔前残损的石柱上立有石狮子，脚踩石球，双目炯炯有神，历经百年风雨，依旧守护着祖灵。

武亨坐的长子武汉宰就葬在这里。埋坟的辈分和位置是有讲究的：最大的一辈埋在最上面，同辈的埋在一条线上；一块坟茔要埋三辈、五辈，不能埋两辈或四辈。因此，在武汉宰的坟下是他的两个儿子，武佩广和武佩现。武佩广坟下埋有两个儿子，二儿子武大宽生武学让，直至第 5 代武有谅和武有直；三儿子武大仪育有一子武学通。武佩现有两个儿子，次子武大世和他的三个儿子武学玉、武美玉、武成玉长眠于此。武汉宰和武佩广、武佩现父子三人坟前立有墓碑，距今应有几百年的历史。

坟茔的风水影响着家族的兴衰。自武汉宰起三辈，家族兴旺，第四辈起逐渐衰落。等到第六辈，坟地迁到垴坢梁，家族依旧落寞。第八辈和第九辈埋在土寨子，这时，石塌上家族的生活大有改善，在村中处于中上水平。一座座坟茔，没有镀金的装饰，没有大理石，也没有花圈。每年清明坟头的五色纸，便是后人对祖先最深重的惦念。

（文 / 江沛）

石塌上家族坟茔地的石狮子　摄影◎侯玉峰

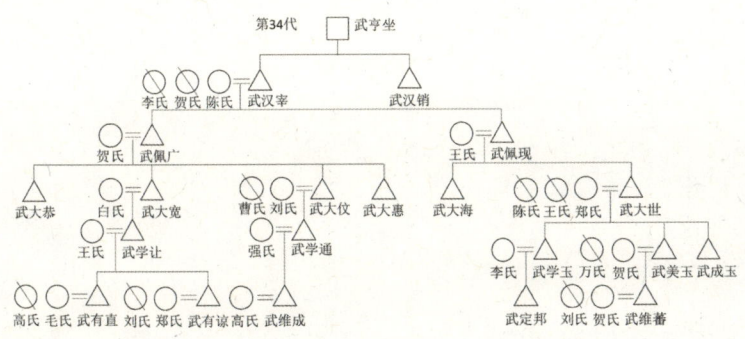

说明：长幼顺序为从上到下、从左到右。□为当代支系中的第一代，
　　　△男，○女，◊去世女，＝婚姻，⌐⌐代际线，╎过继、顶门。

石塌上武亨坐家族谱系　制图◎江沛

沙塄上

沙塄上是目前泥河沟四大家族中支系最多的家族，分为武有星家族、武佩瓌家族、武佩金家族和武俊德家族。其中武佩瓌与武佩金是亲兄弟，他们的父亲同武有星的高祖是亲兄弟。武俊德是沙塄上家族第40代祖先，他的祖辈不得而知。从第32代祖先武建猷起，沙塄上家族至今已传承了15代。第41代武开章曾创立和领导神府革命根据地，新中国成立后担任山东省委书记兼组织部部长。

沙园子梁是沙塄上家族的祖坟地，埋有七辈人。

（文 / 江沛）

沙塄上家族沙园子梁祖坟地　摄影◎武雄

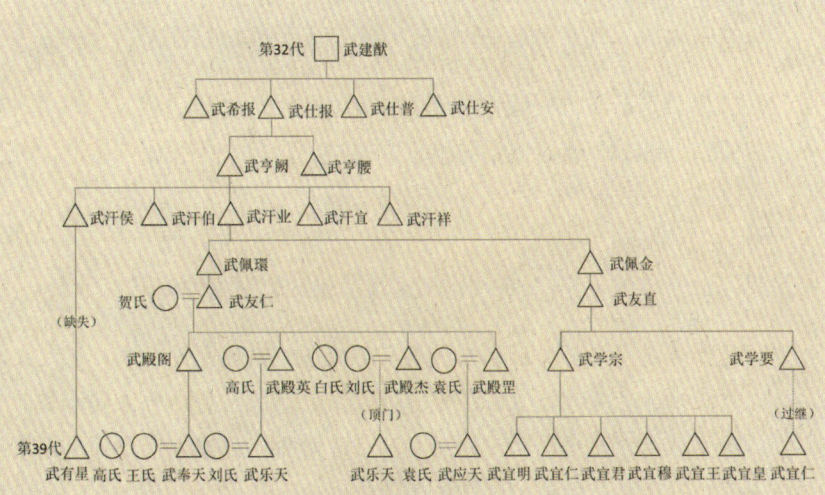

沙塄上武有星家族、武佩環家族、武佩金家族谱系 制图◎江沛

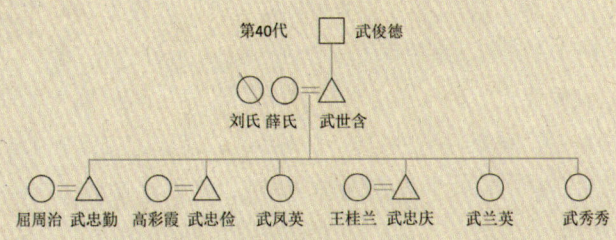

沙塄上武俊德家族谱系 制图◎江沛

湾里

第 34 代武亨儒和第 38 代武学勤是湾里家族两个主要支系的祖先。在祖荫的庇佑下,湾里家族子嗣绵延,已传承至第 44 代。

村北面的石垴口头是湾里家族的祖坟地。2015 年清明节,湾里人在祖坟地前立下碑刻,表达他们对始祖武第和历代祖先的纪念与敬仰,以及对家族日益昌盛的祝愿。

泥河沟村湾里始祖武第纪念碑碑记

武第是泥河沟村武氏家族湾里人的始祖。武第兄弟五人,老大武润为东庄的始祖,老二武淮为石塌上的始祖,老三武科为沙堎上的始祖,老四武第即为湾里的始祖,老五武庚为窑里的始祖。湾里人世世代代忠厚善良、勤劳朴实、聪明好学,始终保持着耕读持家的优良传统。自始祖武第开创基业,繁衍生息至今,湾里人逐步由弱到强,现在已经是一个人丁兴旺的大家族。清朝晚期,曾出现过举人武九林这样的优秀人才。新中国成立后,涌现出了以武世纪、武南耀、武新玉、武新民为代表的一批厅、处、科级干部,并培养了武琴则、武树业、武徐存、武建业、武开业、武晓永、武凤平、武文、武莹、武艳梅、武小蓉、武静、武陕宁、武杰、武毅、武胭胭、武瑞芳、武文成、武格格等几十名大中专学生。托祖先之福,湾里人一代比一代昌盛,当今时逢盛世,河清海晏,国泰民安,家家丰衣足食,户户安居乐业,为表后人对先祖的敬仰之情,特立此碑,以资纪念。

撰稿 武南耀

设计 武徐存

石刻 崔闫利

湾里全族人于公元二零一五年清明节敬立

(文 / 江沛)

湾里家族祖坟地 摄影◎武雄

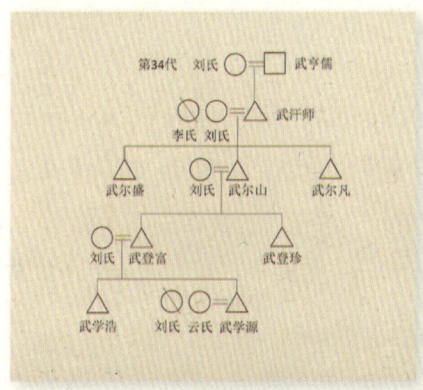

湾里武亨儒家族谱系 制图◎江沛

泥河沟村湾里始祖武第纪念碑 摄影◎武雄

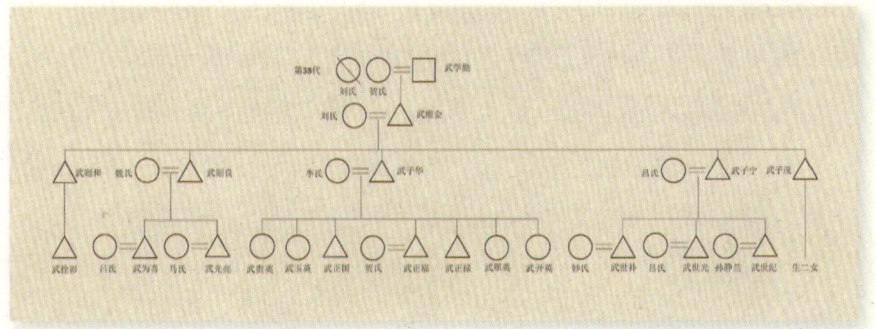

湾里武学勤家族谱系 制图◎江沛

❖ 磑里 ❖

从开章小学出发，顺着山势一路向上，沿着曲曲折折的小路，绕过炊烟袅袅的人家，来到寨峁上，便能找到磑里家族的祖坟地。2013年，磑里后人修缮了祖坟地，并刻有碑记。磑里家族中，汉栋、汉杰、汉梁三门同出于武亨通，武亨通的父亲是武仕元，祖孙三辈均埋在寨峁上。而后，武汉栋的儿子武佩钟及其后代依旧埋在寨峁上，而武佩剑埋在张皇地；武汉杰与他的儿子葬在魏原上，其他后代则均埋在张皇地；武汉梁及其子孙的坟地同样在张皇地。

除了武亨通的后代汉栋、汉杰、汉梁以外，磑里家族还有汉卿一支。这支的坟地原先也在寨峁上，自第38代武学堂起在坟蒿湾，他的三儿子武有严育有四子，长子武玉玺葬在中楞上，次子武玉珍埋在坟蒿湾，三儿子武玉瑞埋在杏树湾，四儿子武玉琦移民至后寨村，去世后也就葬在了那里。

武有岐一支是武建榜的后人。家谱缺失的部分虽已无处可考，但武氏后人已枝繁叶茂。

矮矮一方坟墓，生者在这头，逝者在那头。无论走到哪里，人们都会惦念那里的祖辈，铭记血浓于水的亲情。家谱编纂完成后的几年里，每到清明时节，细雨纷纷，在外打拼的磑里人都会回到泥河沟，带上孩子，带上凉菜、酒、肉，一大家族的人在坟地里聚会，称为"坟会"。如果这一年里有喜事儿，比如这家娶媳妇儿、那家生个娃，就要给祖先抬个喜份子，买一颗猪头，买些凉菜、烧酒。谁家抬喜份，谁家管所有人饭，意思是跟老祖宗说，咱们家族添人口了，祈求祖先保佑。

枣林里的碾里家族祖坟地 摄影◎侯玉峰

武仕元祖茔碑记

佳县泥河沟村瑶里武仕元祖茔坐落于村北山寨峁。其祖父武兴书，父亲武建唐祖茔在泥河沟村北山黄土瑶。佛堂寺佛殿前碑文记载，武兴书在康熙二十三年修补寺庙时捐献钱粮，故推测为明末清初人，至今，"占"字辈已历经十三代。据传武户祖先是从山西洪洞县大槐树庄移民至此。

先祖武仕元乾隆初年入试为"监生"，为人忠直淳厚，以勤为本，以俭发祥，当时，十里八乡威望甚高；子武亨通，忠厚老实，一生积德行善，资助乡里；孙武汉栋、武汉杰、武汉梁三兄弟继承祖业，曾于大清道光二十六年六月修复村河神庙、佛堂寺关帝庙时，捐献钱粮，投工投劳。

二百余年来，先祖武仕元后裔不断发展壮大，至今两千余人，居住陕西、山西、内蒙古、宁夏、新疆、云南等地，亦有在美国、加拿大居住人士，后裔虽有仕、农、工、商职业之别，而都以敦厚仁爱，耕读自强为本，家乡异地，名人辈出。

今逢盛世，举族兴旺，而祖茔前影壁墙去年暴雨冲塌，举族确立重修影壁墙，故刻碑文于此，以谢先祖，供后人永记。

撰文 武建平
雕刻 刘富生
公元二零一三年清明汉栋、汉杰、汉梁三门族人立

"百善孝为先"和"慎终追远"是中国人祭拜祖先的精神力量。清明和年关是祭拜祖先的重要日子，人们在节日里表示对祖宗先辈的孝敬与怀念，期待他们保佑子孙后代兴旺发达。

人们拿上香、纸，装上糕点、水果，将猪肉切成碎片放在小碟里，再提上点儿酒，一并带到祖坟地里。坟地右上方供奉的土地神守护着这一片墓地，祭拜也是从他开始。点燃黄表纸，插上三炷香，将糕点、瓜果、肉等贡品

摆在供桌上,再倒上些酒,磕三个头,对土地神的祭拜就算完成了。供桌约半米长,桌面上刻有筷子、酒壶、鱼、水果等图案,意味着对祖先的供奉常在。供桌像个小门,连接着坟墓与外界,"门上"写有对联,如"龙虎福地""凤凰仙山",横批"敬如生",又如"千秋""万世",横批"祭若在"。拜完土地神,接下来按照辈分由高到低,对每一座坟里的祖先进行类似的仪式。每一座坟上都要摆一份贡品,供祖先享用。

(文 / 江沛)

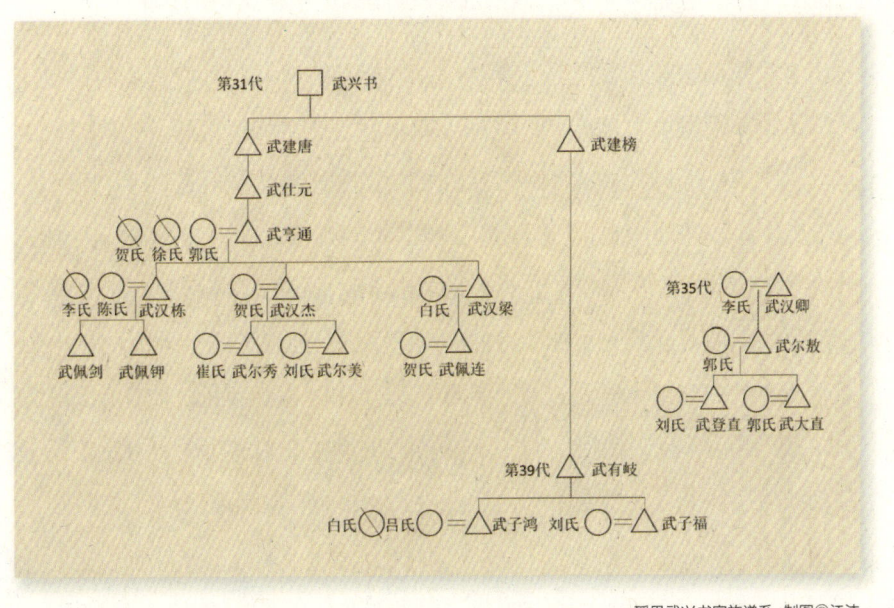

碣里武兴书家族谱系　制图◎江沛

卧虎湾与龙须湾

山石若卧虎,波荡龙须湾。在石塌上家族坟茔沙塌湾的北侧有一道山梁,梁的北侧便是卧虎湾。卧虎湾又称龙须湾,两侧高山耸立,车会沟的支流在山谷中汇聚。站在虎背上环顾四周,外围的大山宛若巨龙的龙须,将卧虎环抱在内。这便是卧虎湾与龙须湾名称的由来。虎的头部是石山,微微抬起,张开的大嘴和锋利的尖牙清晰可见,虎眼、虎耳都是天然的坚石,虎身是隆起的土山,虎尾绵延伸向远方。民间自古便有"一山不容二虎"的说法,相传这里原有两只石虎,因车会沟的大水,仅留下其中一只。

沙塄上武佩環家族自武殿罡(第 38 代)传至武作桢(第 40 代)时已是三代单传,家境殷实,地产广大,但人口不多,显得势单力薄。听闻是因为祖坟风水不好而导致香火不旺,武作桢便请来佳县乌镇远近闻名的风水先生李有发。武作桢他说,"这方圆二十里都是我们武姓的地,您要从中挑选一块风水宝地作为我家坟地。只要是风水宝地,不论距离远近,代价多少,我都要买下来。"风水先生在附近的沟沟壑壑中一连看了两三天也没有结果。当一行人从白家塌返回路过龙须湾时,风水先生感到疲惫,便在山顶上坐下休息,低头一望,惊讶地说:"这是哪家的地?这块地是风水宝地!"他拿着罗盘在各个方位测度风水,发现果然是块好地,但是这块地已经有主了。

原来的卧虎湾是村里唯一一个举人武九令[清咸丰二年(1852)壬子科文举人,任韩城县教谕]家的地产。武九令去世后,他的儿子赌博、抽大烟,不学无术,挥霍家产,最后未能守住祖业。武九令临终前曾嘱咐儿子,一定要把自己的尸首埋葬在虎的脊背上。不孝子不但没有遵从父亲的遗嘱,反而将他埋在了虎爪下。这样他们家族便再没有兴旺起来。武作桢说:"举

"风水宝地"卧虎湾　摄影◎侯玉峰

"虎头"的嶙峋岩壁被水与风的自然伟力雕琢而成。　摄影◎侯玉峰

人家现在后人贫寒，我们多给人家一些钱和地，估计问题不大。"于是武作桢就跟武九令的儿子商量，用其他地方的 11 亩土地、烟土、银元等作为交换，最终得到了卧虎湾。

交换之后，风水先生说："先得人后得地，先生人后得地。你们必须埋够三代，埋多了，虎头支撑不住，埋少了，压不住。不能埋到虎尾巴上，虽然你是武秀才，骑马射箭，骑老虎不行，压不住。"这里的"地"指的就是卧虎湾，"人"指的是武作桢的三儿子武开章。风水先生还说，三年之内武家大门要插上一面红旗，会出一个大官。武开章到神木闹革命，刘志丹前来检查工作，在大院门上插了一面红旗，正是应了风水先生的话。风水先生还说，武作桢的三个儿子中，大门不太好，二门一般，三门兴旺。果真如他所言，老大后继无人，老二家境平平，老三育有七儿四女，家门旺盛。武开章病逝后，同他的父亲和两个哥哥一起，埋在了卧虎湾，一同守护着沙㙟上家族的子孙后辈。

（文／江沛）

"虎背"上的武作桢家族坟茔地 摄影◎李攀

三、余音犹存

人市儿

泥河沟戏楼的东边有一条枣园和羊圈相夹的东西向过道，道路两边有半人高的围墙。在闲暇时，村民经常沿着过道来此"拉话"，或蹲或坐，围成一片，由此形成了被当地人称作"人市儿"的活动区域。人市儿起于何时已无从考证，但是随着戏楼圪洞的出现，泥河沟武姓家族中已有数代人在这里谈论是非和家长里短了。人市儿这个地方是日常村民最为集中的场所，在泥河沟村有着不言而喻的重要地位。

据传，人市儿是因泥河沟武姓四个家族中有威望的长老聚集在此议事而来的。人市儿原本有"祠堂"的作用——专门用来判是非、断对错和商讨家族大事。曾经，在这里，年轻小伙子没有轻言谈论的余地，妇女们也没有参与的资格。人市儿的权威性通过其发言者的地位而彰显。如果有哪个竖子、泼妇犯下过错，便要在人市儿上接受列坐的族中长者的教训和惩罚，并以此警示其他村民。或者谁家起了争执需要评理，都会通过这些长老进行调解。因此，人市儿作为泥河沟教化和信息传播的场所，承担了维系村落社会平稳运行的重大责任。

近些年，人市儿虽然依旧是泥河沟人聚集的重要公共场域，但是其教化作用弱化了。作为一个拉家常的场所，这里不再有强烈的地位差别，而是一个想聊天便能够聊起来的地方。谁家里有什么大事小情的，一定会在人市儿上传播开来，只不过由主要为族中长者的监督变成了村中集体的舆论监督而已。之前，有村民会认为人市儿上的话语权被族中有威望的长者把持，断事的时候难免有失偏颇，不能秉持公正。而现在，人市儿上言语自由，村民可以蹲坐道路两旁，谈天说地，上至国家大事，下至家庭琐事，无所

"人市儿"是泥河沟村最重要的公共活动场所和信息交流空间。 摄影◎何颂飞

不谈，十分欢喜。

如今的人市儿地界已延续到古院落"世其昌"门前，其新增的区域范围内女性较多，而戏楼附近绝大多数还是男性。人市儿的人群分布没有一个固定的地点。哪里方便，哪里能晒太阳，人们就集中在哪里。人市儿成为泥河沟的言论集散地，村中大事小情总能从这里找到谈论的头绪和线索。驻村干部苗小军在泥河沟开展工作时，经过几次召集开会，发现了这一现象。因此，一旦有需要传达的政策，他都会先到人市儿上讲给村民，让他们谈谈自己的想法，让更多的村民及时了解政府的行为。泥河沟人市儿成为关注的重点，逐渐成为驻村工作人员的共识。人市儿上村民的意见，会经由驻村干部转达给上级政府，以便政府的工作更能贴近群众。由此足见人市儿的作用之大和对村民的影响程度之深。

人市儿无论演变成何种形式，它始终是泥河沟人日常生活中不可或缺的组成部分，是泥河沟这个黄土高原村落里最鲜活生动的地方。这个公共场所的作用不只是评理聊天这么简单，更重要的是村庄凝聚力之所在。在人市儿，泥河沟人进行着村庄内最为频繁的交流，在彼此之间的互动中找寻着自己的身份认知，建构着集体的记忆。人市儿里流传的生命叙事汇成一部部家户史，共同熔铸成村落史，为泥河沟讲述着一个永无尽头的故事。

（文 / 郭天禹）

旧时没有资格参加"人市儿"的妇女，如今则是这里的生力军。 摄影◎侯玉峰

村里的男性家长们依然习惯在戏楼附近的"人市儿"核心区讨论重要问题。 摄影◎贾玥

◈ 戏楼圪洞 ◈

泥河沟千年古枣园近旁的组合建筑,当地人称为"戏楼圪洞",是整个村落活动的中心。据考证,此建筑于清代光绪年间便存在,是人们进行悦神庆祝的场所,也是村民日常娱乐的主要场地。因此,长久以来,戏楼圪洞是泥河沟最为鲜明的地标,在村民的记忆中占据着重要位置。

泥河沟的戏楼坐南面北,为悬山顶式青砖瓦房建筑。在戏楼正北的南北向道路上,悬出的一个二层的坐北朝南的建筑便是神楼,神楼下悬空出来的过道就是圪洞,这两个建筑便组成了戏楼圪洞。土灰色的木质结构使戏楼具有古朴的气息,下面的拱券使戏楼从正面看起来高出地面1米有余,其东侧建有台阶通往戏台子。戏楼里分为前厅和后室,后室靠东开有后门。戏楼前厅内布置有一张麻将桌,用来打麻将、下象棋。这里对弈者、观棋者络绎不绝,已成为村里颇受欢迎的活动室。后室里铺放着一些杂物和农具、工具,还有一个立柜里装着书籍,兼有农家书屋的功能。推开戏楼的外门,可以看到正中间悬挂着一块斑驳褪色的木质匾额,其上书有"作如是观"4个字。站在戏楼的前台,向北看便是神楼。神楼是悬空二层红砖结构建筑,西侧与武治洲家相接,东侧建有陡峭而狭窄的楼梯。在过道的正上方是神楼,神楼里供奉着神像,内墙还有描绘的壁画。

成就戏楼圪洞的人是泥河沟沙塄上家族武忠良的父亲武含章。武玉书(1925年生)听长辈说,含章老先生年轻时捐赠了一棵三人合抱也不能抱住的大榆树,从而修建了戏楼。武含章十六七岁时,正值光绪年间,其家曾是地主家庭,家境殷实,但其父爱"吃大烟",以致家道中落。武含章虽年幼,但早早管了家。其家院落外面石碾处长有一棵大榆树,树干粗壮,树枝横生,

戏台对面的神楼圪洞　摄影◎李攀

夏日的戏楼，额枋上贴着已经褪色的红纸，上书"赞忠贬奸"四字——自古以来，看戏在中国乡村不仅仅是一种群体娱乐，更是传统文化价值观的重要传递方式。　摄影◎李攀

多年生长有些倾危。武含章唯恐有一日大榆树倒落压坏院落，便想把它伐掉，又因为父亲"吃大烟"败家，于是想把这棵大榆树捐给村里盖一座戏楼用来积功德。在武含章捐出榆树后，泥河沟人发动全村力量出工出力共同修建了戏楼。当时，村里请来沙皮寺的老木匠把这棵巨大的榆树分成了梁柱椽窗，同时修建了对望戏楼的神楼。经历百年风雨，戏楼下拱券里积淀的泥土渐高，原本可容一人站立行过，现只能容四五岁的小孩爬行穿梭。神楼原是陕北窑洞形式的拱券建筑，但是几十年前由于自然原因塌毁了，如今修成了红砖二层小房，不过仍保留了悬空可容人通过的孔洞。

戏楼圪洞最热闹的时候莫过于农历正月初三到初五，也是一年到头村里人最多的时候。从前，这三天当中重要的事就是唱戏。因为邻近山西，所以晋剧在此地颇受欢迎。春节期间，人们都赋闲在家。从初三起戏、初四正戏到初五罢戏，村里人都会来看戏，周边村子的人也都会过来看戏，场面热闹非凡。原来村里流传下来的风俗，初三起戏的时候，要先请村中德高望重的老人致辞开戏。开的第一场戏照惯例是《打金枝》，这出戏唱完了才能让村民点戏，点的一般是戏剧团的拿手戏。初四这一天共唱三本戏，上下午合并在一起唱，中间歇息一下，晚上再唱一本。初五也是唱三本戏，但是这天还要请有名望的村民来作罢戏辞。这期间，演员分别住在各家各户里，事先由村里的会首们做好安排。开章小学建好后，也安排在小学里住过。

武玉书8岁的时候曾在戏楼圪洞看戏。他说在那个年代，戏楼圪洞的旁边会有人卖麻花这类小吃，孩童都喜欢吃着麻花来看戏凑热闹，一个铜板就能买到一个大麻花。但是因为家庭物质条件匮乏，他常常不能得偿所愿地吃到麻花。这种体验他依旧记忆犹新。近些年，晋剧没能在戏楼重新唱响，戏台也年久失修，无法再看到3个娃娃头上顶着村中三座庙里神灵的牌位蹲在神楼上看戏的场景了。孩童被认为是纯洁的，所以由这些未沾染俗尘的稚子来奉神是泥河沟人对神的尊敬。孩童蹲在神楼上把神的牌位顶在头

戏楼的前厅平日里是颇受村民欢迎的活动室。正壁高悬着"作如是观"的匾额；通往后台的门框上方，还残存着精美的彩绘仙官像和已无法全部辨识的文字题刻。 摄影◎侯玉峰

顶上，也是为了体现神的地位之崇高。每一个头顶神位的娃娃都能得到一个枣卷作为奖励。在物质匮乏吃不到面的那个年代，这是非常难得的美食，所以总能引得娃娃们争先恐后要做头顶神位的童子。这之中有因胆子小不敢去头顶神位的，也有因为跑得慢没抢到这个机会的。"为枣卷卷顶神神"这些美好的回忆永远清晰地定格在了那一代人心中。

在这三天里，村里不光有唱戏的盛会，还会举办一年一度的打醮仪式。在清同治年间，因为瘟疫横行，村民向佛祖许了愿。自此之后，在正月初三到初五便开始打醮。原初，打醮与唱戏同一时间进行。一段时间之后，变成了唱戏与打醮交叉进行，当年打醮就不唱戏，当年唱戏就不再打醮，但也没有一个固定的规律。除了特殊的几年，就这样轮换着进行年节的庆祝活动，基本没有断过。打醮时，要挂吊子，上面写着"修社清醮，攘瘟解厄，谢天谢地，祈祷人口平安"。同时，从金明寺或观景寺、千佛寺等周边几个寺庙中的一个，请来和尚，一般请5个，并在当年负责活动的纠首中选一家设经堂窑，请来乐队奏乐，共同进行打醮活动。乐队最初是请个人，后来大多请县剧团。

以前日子富裕的时候，也曾唱过四天戏，多出一天来是专程唱给枣神的。逢农历五月十三、六月十五还会杀猪杀羊，村中人人摊钱，热热闹闹地过节。早年间庙会的时候，唱戏的班子一般先去佛堂寺唱戏，唱完之后再到泥河沟唱，最后去佳县白云山。一是因为当年黄河水大，在泥河沟唱完以后就可以坐船顺水到下游唱戏；二是因为泥河沟地处黄河渡口，是周围十里八乡交通相对便利的地带。唱戏的时候自然也成为当地的一个盛大节日，唱戏的戏班不仅可以赚得一些钱财，而且可以赢得名声。

近10年间，打醮的时候，偶有平安戏在戏楼唱。2010年，从泥河沟过路的小戏班在戏楼上唱了几出小戏。从此以后，这戏台再没有唱过戏了。一是因为戏台较小，地方狭窄，大戏班伸展不开，只好在黄河滩地上搭戏台开唱；二是因为人们对于戏曲的兴趣逐渐淡薄，而且年青一代外出较多，

神楼内景：神位彩绘在正壁上，墙角堆放着修缮村中庙宇所用的琉璃瓦构件，以及储存大枣用的枣筐。　摄影◎李攀

对于戏曲不再如老一辈那么热衷，唱戏活动得到的支持越来越少；再者，唱戏的零散戏班近年来变少了，请戏剧团唱戏的成本比较高，村民收入微薄，难以支付这项花销。虽然戏楼在近些年里并没有如期迎来戏班，唱戏的功能越来越弱，但酬神的表演形式已从唱戏转向大多数人喜闻乐见的晚会，戏楼的功用得到了延续。

戏楼不仅是唱戏、娱乐的地方。在"文革"年代，由于学生人数激增，戏楼也有半年时间被用作了临时教室。戏楼本来是没有门的，因为要作教室，也就安上了与其建筑风格一致的可装可卸的木门，成了如今的模样。戏楼圪洞历经百年，有过红火热闹，也有过沉静落寞，但无论是对于离乡的泥河沟人还是在家的泥河沟人，因戏楼而珍藏于心的生命记忆始终熠熠生辉。

（文／郭天禹）

2016年7月16日,"佳县古枣园文化节"晚会在戏楼举行。 摄影◎熊悦

神楼侧壁上的"墙报",书写着村民朴素的信仰与价值观。 摄影◎李攀

龙王庙

山不在高，有仙则名；庙不在大，有龙则灵。龙王庙耸立于村中北山的一个土台上，东望河伯，下扼游虺，三面矮墙，开门向东，主殿坐北朝南。龙王庙从侧面看是卧砖到顶的起脊瓦房，高约3米，宽约5米。正殿却是典型的具有地方特色的窑洞式造型：檐头为明柱抱厦，4根红色的抱柱支撑着描金彩绘的屋椽；两侧屋脊上神兽昂立，底蕴深厚。

檐下墙壁被粉刷成白色，棕红色的木门上圆下方，门口西侧挂着一口原属于观音庙的古钟。殿顶为拱形，以后天方位绘两仪八卦图。北面墙壁上的彩绘龙王身着红衣，端然而坐；两侧侍童着蓝衣，执蒲扇；壁前的木桌供奉着牌位、香炉。东墙绘太牢祭祀升云播雨，西墙绘少牢告庙雨过天晴；风娘娘、闪电童子、雷公电母等吞云吐雾、各显神通。大殿院墙三面皆嵌有神龛，与院墙成为一体。西边供奉着山神，曰"供奉当方山神之位"；南边是土地神，曰"供奉当方土地之位"；东边是使风娘娘，曰"供奉当方使风娘娘之位"，牌位前各有一只银色香炉。

龙王庙原址在村前的车会河石岩上。后来传说有知晓风水的灵狐，把龙王庙的神牌叼到了现在的山头上，于是村民就遵照灵狐的旨意在山上修建了龙王庙。龙王庙的具体修建时间已不可考证，仅可从其西窗台泥壁残损不清的部分文记中确定，雍正六年（1728）时武姓亨士辈祖先曾重修龙王庙，此后又二次重修。经历了百余年的风吹雨打，龙王庙的主殿本已是垣损顶陷、墙裂石朽、瓦缺梁折，山门则已完全损毁，院内杂草丛生，甚是荒凉。泥河沟的百姓不忍坐视龙王庙就此销匿，于是自发出资出力，重修龙王庙。龙王庙的修缮于2005年仲春破土兴工，至2006年秋天竣工。2007年，有匿名者捐资

龙庙王正殿 摄影◎侯玉峰

为龙王庙添置了画像丹青，武越女士捐资为几个村庙铸了三口钟。自此，龙王庙焕然一新。2007年农历十月初五，村民在主殿前立了碑碣记录此事。

重修龙王庙碑记

古俗祈风调雨顺，求国泰民安，凡农村皆祠立龙王庙。夏逢久旱，合社选人牵羊、担酒、香表、礼牲，祈求龙王爷施降甘霖，润泽禾田，以解人之莫及之事。此庙始建何时无据考证，仅从西窗台内壁外泥皮脱落处里泥壁尚残留部分文记，只可确定前清雍正六年武姓亨士辈祖先重修。尔后二次重修文记残损不清，无法鉴定。百余年至今已是垣损顶陷，墙裂石朽，瓦缺梁折，山门无存，院内棘草丛生，荒废凄凉。民众不忍坐视，由武岳林倡导，合村民众与外工干人士同愿奋起，捐资投工。武马耀、武利民、武海瑞率领于二零零五年仲春破土兴工，与河神庙相续并进，趁闲修忙停，抽腐补缺，各尽其力，任劳不辞，于二零零六年秋月大功告成，于二零零七年七月画像丹青，款经两位不愿署名者支持，四周土崖石护皆由武世峰、武治洲、武国树办理。

武越女士捐资三千，其一千又另筹四百，铸钟三口。观音殿一口，现钟磬齐全，山门新建，围墙新砌，承先遗迹焕然一新，象愿圆满，特树此碑，诚启后人，怀德维护。

砖瓦工 高治亮 高春孝

石 工 武马耀

木 工 武乃孝

泥 水 武孝兴 武珍利

塑 绘 田春平

撰 书 武岳林

刻 石 刘富生

十月初二日十时开光

公元二零零七年古十月初五日

泥河沟村合社信士立

重修龙王庙碑记（2007年立）摄影◎侯玉峰

据《佳县志》载，佳县历来多干旱。旧时，久旱不雨，农民便祈求神灵降雨。求雨之法有进庙烧香祷告、抽签问卦、给神灵宰杀猪羊礼牲或说书、唱戏等。最为庄重的是抬神楼祈雨。祈雨时，挑选4名壮实男子抬着神楼前边走动。一雨师手捧圣水瓶紧随其后，雨师左右簇拥着许多村民，头戴柳条圈，赤膊赤脚。雨师有节奏地高呼："龙王爷早下雨哟，救万民哟！"随众齐接后句："救万民！"声调极哀苦，并随神楼上山参云，下沟取水。祈雨时，不准妇女参加，不吃荤，不回家住宿，一片虔诚。一般抬神楼为3天。3天无雨，再续3天，直至下雨。这种抬神楼祈雨活动，今渐被唱雨戏所取代。

中国自古以农立足，内陆乡村多为半干旱气候，雨旱灾害频繁，因此到保佑风调雨顺、五谷丰登、国泰民安的龙王庙进行祈雨祭祀，便成了历史悠久且普遍存在的活动，也在村民的生活中占据了重要的地位。泥河沟的情况亦是如此，龙王的作用恰如龙王庙正殿前中间两根抱柱的对联所言：保春种风调雨顺，佑秋收五谷归仓。但是，村民们说这里的龙王不像东海龙宫里的大龙王，只是一个地方的小龙王，最多只能下三寸雨，稍稍缓解旱情罢了。

过去，每逢春旱，谷子、高粱等庄稼无法耕种，村民便开始祈雨。村里老人说，农历五月十三是关老爷磨刀的日子，要开生，所以只有过了五月十三才能求雨。求雨之前，全村每家每户都出钱买一头猪，然后由负责求雨的武忠全带着四五个人将猪赶去龙王庙，拿一瓢水泼在猪身上，把贡品放在供桌上面，然后大家跪下磕三下头，对龙王说"我给您老送上个猪，您给我们显上个灵，三天两头下上个雨"。猪抖一下，过几天就下雨了，很灵验。求雨之后，全村人共同分食猪肉，给的猪肉必须收，每个人都不能拒绝。如果是在农历七月求雨，村民就把祭品换成黑色大山羊，因为四五月份时山羊还太瘦，七月时已经长肥长大了，便成为献祭的首选。《佳县志》也曾记载，祈雨要向龙王献祭猪羊，即把黑色公山羊和猪杀了，拉到庙里，谓之"祷神求雨"。求雨是临时性的，天不旱就不用求。

求雨的时候会唱戏，唱戏的内容也是有讲究的。村民们说，在清朝同治年间（1862～1874年），有一次请戏班子给龙王唱戏，所唱曲目是《魏徵斩老龙》。在该戏中，魏徵上知天文，下晓地理。老龙王不服魏徵的本事，于是化身人形前来探视，并让魏徵预测下次降雨的时间和雨量。神机妙算的魏徵识破了龙王的身份并准确预报降雨。老龙王为挽回失去的颜面，违背玉皇大帝旨意擅改了降雨时间和雨量。此举触怒玉帝，老龙王被问罪斩首。不料演完这出戏的晚上，天空风云变幻，西边一坨黑云压将过来，俄顷暴雨大作，戏楼前的车会河洪水陡涨，浪涛涌上戏台，冲走了戏楼里的道具，所幸没有伤人。第二天早晨，戏班子发现所有的唱戏道具都被冲走了，急忙反思自己的罪过，原来是《魏徵斩老龙》这出戏冒犯了龙王爷的威严。祭龙王没有固定的日子，养羊的人祭龙王比较多，祈求风调雨顺。

如今，人们的生活越来越好，陆上交通便捷，纵使旱灾村里粮食歉收，村民也可以从外界运来粮食，不会饿肚子。但是，修庙唱戏、烧香拜佛依旧是村民遵循的风俗，正月里还是要去老祖先留下来的庙里转转。就像农历大年初一，家里的男性长辈会起个大早，穿上新衣服，把香、酒和点着红点的馒头、肉菜等放在盘子端着，抢着去村里的三座庙磕头烧早香。娃娃们则跟在大人后面去庙里玩耍。

（文 / 宋艳祎）

◇ 河神庙 ◇

河神庙坐西朝东，位于村口银象山的半山腰上，地势颇高，站在其背面可以俯视泥河沟村全貌，向东又能够眺望黄河的波涛与河滩上大片的枣林。从山门进去，正对着的便是供奉着河伯将军的殿堂，规模和样式与龙王庙主殿相近，墙壁上彩绘了河神在水上作法的情景。砖砌的院墙低矮，不过半米之高。

与人们印象中波涛汹涌的场景不同，现在万里黄河途经泥河沟时尤为平静。然而修筑水利工程之前的情况并非如此。村里的老人说，那时的黄河无风三尺浪，惊涛翻滚，波澜壮阔，经常泛滥。发大水的时候，村民就会到河神庙祷告，但不杀猪，只点香、磕头，请求河神显灵，别闹灾害。殿内供奉的河伯将军的职责就是保护过往船只平安渡河，保佑洪水不犯良田，尤其是不要把两岸滩地淹没掉。因为滩地由泥沙淤积而成，土壤肥沃且光照充足，在河水的滋养下，长出来的枣颗粒硕大、皮薄肉厚、质脆丝长、汁多味甜，品质极为优良，是村民重要的生活来源。此外，以前的泥河沟公路未通，村民多走水路，因此每年农历六月初六要拜祭河神，保佑出行平安。而今，便捷的沿黄公路替代了水路，河神庙的香火也就没有之前旺盛了。

河神庙的修建时间亦无从考证，但是殿前的石碑记载了沙塄上家族第 36 代祖先为祈安求福在道光二十六年（1846 年）重修河神庙的始终。武佩环之孙，武友兰之子殿阁、殿英、殿杰、殿罡统领斯举，"以之凋残，伤神像之减色"，故捐资集众，重修了河神庙。至 21 世纪之初，与龙王庙相同，历经风雨的河神庙在岁月的侵蚀中土崩瓦解，窗门损坏，神像无存，院内的杂草诉说着无尽的凄凉。于是，村民利用日常的闲暇时间动工，于 2006 年

河神庙正殿　摄影◎侯玉峰

从河神庙院内向外俯瞰黄河，滩上枣林绵亘。　摄影◎李攀

秋天相继修建完成了河神庙与龙王庙。河神庙的新碑与旧碑左右分立于主殿之前，共同诉说着村民对河神绵延长久的敬畏之情。

重修河神庙碑记

亘古建寺立庙为保一方平安，祈除人所未及之事。祖先为祈求洪水不犯良田，关津稳渡，凡河畔居村皆设祠河神庙。此庙始建何时无证考定，尚存重修碑记。清道光十四年事，经一百七十余年之久，风雨侵蚀，土崩瓦解，石朽墙裂，窗残门缺，神像无存。院内棘草蓬蒿凄凉惨景，村民怀德者无不嗟叹，岂忍坐视耶。由武岳林提倡，合社民众、在外工干人士，奋起捐资投工，经武马耀、武利民、武海瑞率领于二零零五年仲春破土、与龙王庙相续并进，趁闲修忙停，各尽其力，任劳不辞，于二零零六年秋月大功告竣，于二零零七年秋月塑像彩绘，资由两位不愿署名者资助一万元，武世峰、武治洲、武国树办理。

武越女士捐资三千，其一千又另筹四百元铸钟三口，观音殿一口，现钟磬齐全、塑画彩绘，抽腐补缺、园墙新砌，院内植柏，承先祖遗迹，焕然一新。众愿圆成，特树此碑诚启后人，怀德传承。

发起人 武岳林
经领人 武马耀 武利民 武海瑞
塑画 经领 武世峰 武治洲 武国树
砖瓦工 高治亮 高春孝
木 工 武乃孝
泥水工 武孝兴 武海全
塑绘师 田春平
刻 石 撰 书 武岳林 刘富生
十月初二日午时开光
公元二零零七年十月初五日
泥河沟村合社信士立

修缮后的河神庙焕然一新,殿内塑画生动明丽,殿外钟磬齐全,院内干净整洁。朝东望去,涨水时的黄河水流平稳却依旧气势雄浑。见证了泥河沟数百年沧桑的河神庙像一位慈祥却威严的老者,巍巍端坐于银象山上,继续用自己的一砖一瓦守护着泥河沟的岁月平安。

(文 / 宋艳祎)

河神庙正殿内景:中供手持神铜法器的河神像,两侧壁上彩绘着河神在水上作法的情景。 摄影◎侯玉峰

观音庙

观音庙坐落于泥河沟村口,紧邻进村的漫水桥。要进观音殿,先得"两低头":殿外小径边长有一株歪脖子树,若要走这条路,必须低头从树下过,是为"一低头";其后还要穿过高台下的小门,攀几级窄瘦险陡的台阶,是为"二低头"。走上高台,便可看到三面镂砌矮墙,以及观音正殿。殿门左立着记录修缮观音庙的石碑,右侧挂着新铸的钟。正殿对面矮墙上有个小小的佛龛,供奉着韦陀菩萨。

主管风调雨顺、庇护良田、枣树丰产以及祈福消灾的几座庙宇,在村民生活中扮演了重要角色。特别是对于老一辈人而言,这些庙宇是他们对美好生活的寄托之所。纵使生活并不富裕,他们也要将有限的资金拿出来捐助修庙,这是值得铭记与骄傲的事情。村民根据三座庙不同的状态,采取了不同的重修策略:观音庙年久失修,已于1952年塌毁,于是决定在原址上重建;龙王庙和河神庙墙体坚固,房顶破败,因此在原址上修复。

观音庙是村民合力重修的第一座庙宇,于1997年2月7日破土动工,4月26日全部完工,历时80天。在修建过程中,村民各尽其力,共捐资7400元、捐工508天。除了筑成203立方米的台墩和砖石土木结构的殿阁,观音殿的粉刷、门窗及彩画等工程也全部由懂技术的村民义务担任。为了节约经费,大家下工之后都回自己家里吃饭。

观音庙的重建工作主要是由武有雄、武岳林和武世峰为主的泥河沟工程领导小组组织村民完成的。武岳林回忆说,当时自己从单位回村,村里80多岁的武有雄劝他修庙立碑,但是过去能在村里主持修庙的都是经济实力雄

冬日枣林中的观音庙　摄影◎侯玉峰

厚的人，能给大家办好事的人要么有权威、要么有钱威，自己不是大队的干部，没什么能耐，在村里也没有什么威望，号召不动大家，办不成事，于是拒绝了武有雄的提议。但是当天晚上，他想到老人家年岁大了，又给自己推心置腹地说了那么多话，自己的回答实在是有失妥当，所以第二天早晨，又专门跑到武有雄家，并应承了此事。考虑到自己的力量不足以发动全村的老老少少，武岳林便说服当过村干部、在村里有威望的武世峰挑起重修村庙的大旗。桑塌村民没有村庙，历来和泥河沟村民一起上庙敬神。于是武世峰发动两村的人一起参与到村庙的重修工作中。

如今，坐东朝西的观音庙内立着观音菩萨的彩像，两名童子分侍在侧。供桌上同时供奉着观音菩萨和枣神菩萨的木质牌位，左侧是"南无枣树王菩萨之位"，右侧写着"供奉南无观世音菩萨之位"。殿顶是黑白太极八卦图，左右墙壁彩绘了《妙法莲花经观世音菩萨普门品》中的24幅图画。在民众心中，观音菩萨是大慈大悲、救苦救难的化身。因此，观音庙的主要功能是消灾免难。做了几十年艄公的武子勤老人说，以前农历初三、六、九出船之前，家人都会去观音庙烧香磕头，求菩萨保佑平安。

观音庙同时供奉着的枣神原来并不在这里。据村民讲，枣神像是由一块从远村寻来的石头打磨而成的，原本被供奉在川崖地半石坡的一块大石头上，上面有个六七十厘米高的牌楼，前面立着枣神牌位，村民敬神时就在前面点香烧黄表。枣神像因村里修建拦河坝治山治水而被捣毁，枣神牌楼也在"文革"时期被拆掉。20世纪70年代，牌楼所在的位置被公路占用，枣神便没有了住处，再加上后来修庙资金不足，枣神才被搬进了观音庙并被晋升为"枣树王菩萨"。村民每年烧香进表，祈求枣神保佑村中的枣子丰产增收。在村民眼中，这种做法也是合理的，因为枣树哺育了一代代泥河沟人，现在又是重要的生活来源，这也是菩萨的大慈大悲。

尽管枣神没有单独的庙宇，但是在村民心中的地位并不低。村里的老人说，过去村子人多的时候，大戏共唱七天，这七天戏有唱给龙王的、观音菩萨的、

观音庙正殿内景 摄影◎侯玉峰

河神的，其中有一天就是唱给枣神的。即便是现在，村民到观音庙唱戏敬香，同样也把枣神牌位请出来。除了给枣神唱戏，村民每年农历腊月初八还要祭枣神。做出来的腊八粥不仅人吃，还要献给枣神，要拿着筷子在枣树上抹一些。

重修观音殿碑记

位于村东观音殿属本村佛教建筑之首。坐东向西，背拱黄河、前展锦旗，左右二龙捧印，车会河流与路交集，玉带缠腰，山环水抱，合成金局，水归正库，名三合聊珠，富贵旺丁，发福绵远，堪为美地。此殿始建于何时？无法考证，故求神闻之，神示乃明万历四十四年即公元一六一六年。以此推算历经明、清、民国、中华人民共和国，距今已三百八十一年。岁月流逝，风雨侵摧，年久失修，于一九五二年春，殿倾神毁。村兴民富，承合村民之重托，护古人之遗产，组织民众捐款投工，共捐款七千四百元，投工五〇八天。于一九九七年二月七日破土动工，筑台墩二〇三立方米，砖石土木结构殿阁一座，粉刷、门窗、彩画等工程在本年四月廿六日全部竣工，历时八十天。为承先启后，章著建殿施舍功德，故树碑记载，百世流芳。

发起人 武有雄

经领人 武世峰 武国树 武岳林 武子勤 武冬旺 武忠凯 武子升 武光勤

石工首领 武子勤

木工 武乃孝 武存存 武耀忠 武耀飞 武耀存

丹青 武利 武世峰

砖瓦工 高治亮 高春孝 武挨存

石刻 武忠心 武胜利

撰文 武世峰 武岳林

书写 武岳林

泥河沟村工程领导小组

公元一九九七年四月二十八日立

（文 / 宋艳祎）

重修观音庙碑记（1997年立）摄影◎侯玉峰

四、窑洞镜像

◈ 院落人家 ◈

夜幕降临,深邃的天空闪烁着宝石般的星光,漆黑的远山隐约可见。白天的喧嚣逐渐安静下来,昏黄的灯火远远近近。窑洞门窗透着光,条棱清晰可见,宛若剪影。窑洞,中国西北黄土高原上最具特色的民居样式,延续着先民几千年来"穴居式"的居住传统,积淀了古老的黄土文化。

窑洞是泥河沟人普遍采用的建筑形式,与村庄的历史一样悠久。修窑的主要材料有土和石块两大类,土窑洞造价低但不耐用,常需要维护。富裕人家的窑洞是石砌的,高大宽阔、结实耐用,但造价高。因此,大多数普通家庭的窑洞只有面子是石头砌的,其他的部分均是土。新中国成立以后,人们的生活条件有所改善,石箍窑也就成为村中的主流。石箍窑主要分为3种:明柱抱厦窑、圆孔窑和八窠窑。明柱抱厦窑起券弧度大于圆孔窑,但两者都比较高大、坚固,多为院内的主体建筑;八窠窑因其特殊的造型可以在较低的高度下获得更多的直壁,多为附属用房,更适宜摆放大型家具。

泥河沟人修建石窑多采用麻子石为材料。麻子石是坚硬的砂石,质地脆但难腐蚀。修建新窑之前,石工们从山上挖出大石头。通过铁楔裂解,不规则的石料便成了四方的石块。窑脸石上清晰可见的纹路则是精细打磨石头时留下的痕迹——每寸内有三条棱。石匠将石块券成拱形,再用草拌泥抹在窑内壁上。草拌泥由黄土、干草与水和成,紧实保温,是绝佳的建筑材料。

两孔窑洞之间的那堵墙被称为"腿子",两三米高。一排窑洞中,中间的叫中腿,两侧的叫边腿;中腿"砸劲"(垂直受力),边腿"撑劲"(两侧受力),因此边腿要做得宽一些。八窠窑的边墙所受推力更大,因此有两米宽,而石窑的

窑洞之上,星河澄澈 摄影◎计云

一米五就足够了。窑洞的门多呈拱形,上方是一层砖拱券,将拱形的门顶围住,起到加固的作用。门窗多为木质,四扇整齐的门将窑洞内外隔开,只有中间两扇能够打开。门上留有气眼,用于通气、换气,这种门又被称作"槅扇"。经过时光打磨,门窗的光泽少了,微微泛黄的毛头纸给窑洞增添了一丝视觉上的温暖。有的人家雕刻出线脚和各种花纹,门窗便成了乡村艺术的另一种呈现,古色古香,韵味十足。除了正房外,有些人家还修建有厢房、牛棚马圈等。三者环绕,构成一个完整的、独立的窑洞小院。

冬暖夏凉是窑洞的一大特色。窑洞的屋顶和墙壁相当厚,加之只有窑洞口能够和外界接触,所以很难直接与大气进行热量交换。冬日里,窑内的炉火烧得通红,若是刚从呼啸的北风中回来,躺在温热的炕上,寒冷的身体很快便能复苏。炎炎夏日,窑洞里清凉依旧,即便是午睡,也需盖上一层薄被,才能伴着蝉鸣入眠。

"耕者有其田,居者有其屋。"置田买地的思想在泥河沟人的心中根深蒂固。窑洞成为他们对家与归属感的精神寄托,和老婆一样,是多少钱都不能卖的,否则会被视为败家行为。泥河沟村共有228处院落,现存清朝时期修建的61处,民国时期修建的40处,新中国成立后修起的127处。前两个时期的院落悉数分布在戏楼圪洞、寨则上、湾崖地以及河神庙等区域。如今,因分家析户和人口外流,有些院落已经破败,成为人们贮存红枣和农事间歇的休闲场所。古枣园倾听着院落里的家长里短,凝望千年间的风风雨雨。

(文/孙兆琦 江沛)

本章所涉及的古院落分布图 制图◎林艺苹、江沛

◈ 五福堂 ◈

沙塄上家族武忠良家的"五福堂"始建于清代，是村中最古老的院落之一。过去唯有秀才家才可以修大门，门楼上五脊六兽的样式更是富贵人家的象征。据石塌上家族的武方强说，他的祖先武美玉就是修建这家大门的木匠。

院里有六孔窑洞，历经七代人分家。曾经喧闹的古院落愈发冷清，只剩武忠良一家常住。故事要从第37代祖先武友仁说起，他4个儿子中的老二武殿英和老三武殿杰被村里人称为"二先生"和"三先生"，二人继承了父亲的家产。相传武殿英有地位、有才学，豢养门客众多。武忠良家中刻有"序宾以贤"字样的木匾就是那时候留下的。"序宾以贤"的意思就是按品格来排列宾客的次序，越是贤德，越是尊敬。武殿杰没有儿子，武殿英便把自己的儿子武乐天给他顶门。武乐天把从父辈那里继承的六孔窑洞平分给他的3个儿子后，三儿子武作杆将自己所得的家产卖给了大儿子武作舟，武作舟又把这四孔窑洞留给了自己的长子武宪章。武宪章的长子武忠恕将分得的窑洞给了儿子武占鲁和武占晋。武占鲁的子女离开了村子，武占晋入伍当了兵。二子武忠全的次子武高生有一孔窑洞，但他离乡当了军医，这孔窑洞就空闲着。三子武忠玉的孙辈武小雄有一孔窑洞，但很少居住。武作辑是武乐天的二儿子，剩下的两孔窑洞从他传至自己的儿子武含章，又传给孙子武忠则和武忠瑜。武忠则和武忠瑜的弟弟武忠良由于承担着赡养母亲的责任，最终继承了这两孔窑洞。

院里的八窠窑还珍藏着老辈人用过的斗、箱子等物品，当年的小榆树如今已枝繁叶茂。

（文 / 江沛　孙兆琦）

"五福堂"院落内景 摄影◎侯玉峰

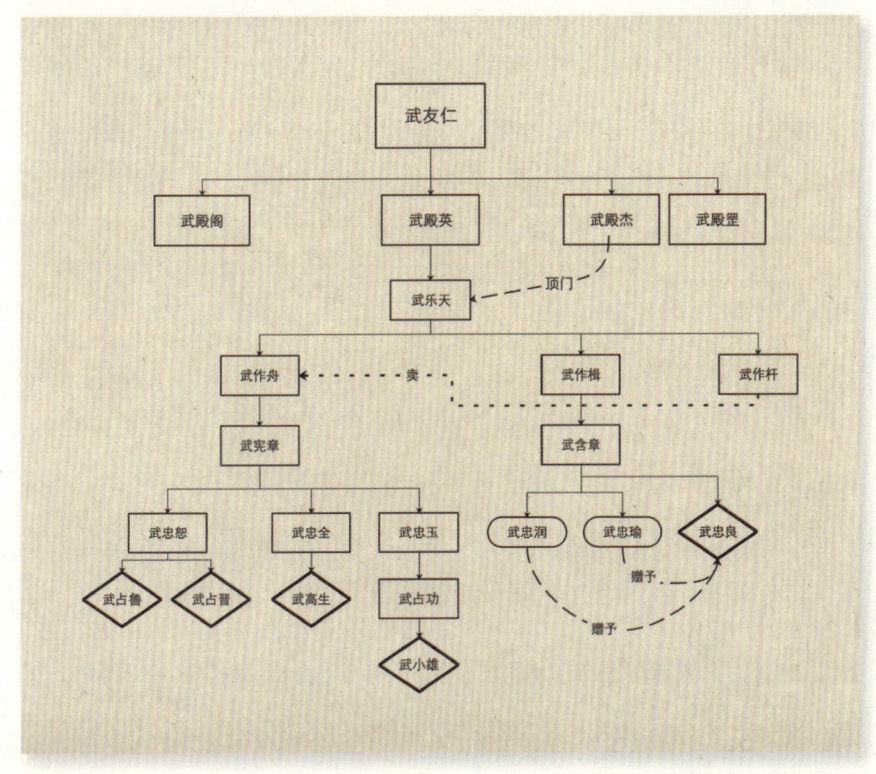

"五福堂"宅分家图 绘图◎孙兆琦

❖ 鹭涛凤彩 ❖

武占正、武元小（1956年生）是沙塄上武佩環家族的两兄弟，他们的老窑洞就在开章小学正后方。门楼上有起脊吻兽，十分气派。雕花的墀头是院落精巧的点缀。门额是木制的，四周饰有花纹，上面刻着"鹭涛凤彩"。"鹭涛"意指波涛，"凤彩"同风采，形容人有才情。短短四字饱含着长辈对子孙的美好期许（唐·骆宾王《夏日游德州赠高四》诗："鹭涛开碧海，凤彩缀词林。"）。古院里还有两孔暗窑，是古时候大户人家存放金银财宝和肉的地方，其中一孔暗窑已经塌陷，只留下入口。暗窑藏在普通的窑洞内部，大小同一般窑洞相仿，从窑洞外面不能发现。窑洞的内壁上开有一扇小门，入口狭窄，仅供一人通过。穿过小门，便进入了暗窑。窑顶上留有两处小洞，以便空气的流通。天气晴朗的日子，阳光透过小孔，撒下斑驳的影子，暗窑也就有了微微的光亮。

房屋的继承依靠分家来实现。大儿子结婚之际便是分家之时，未成婚儿子的房产会一并分好但暂时由父母代管。分家时，一般遵循所有儿子加上父母平均分配的原则，女儿是没有继承权的。武占正和武元小的父亲武忠广共有弟兄三人，因而这座古院被分成了三份。武忠广的大哥武忠堂的儿子因饥饿去世，只剩下一个女儿。武占正便给他顶门，继承了他和自己父亲的窑洞。二哥武忠虑没有子女，他的窑洞后来便归武元小所有。

随着武占正、武元小兄弟二人结婚生子，家中人口越来越多。渐渐地，老地方住不下了，他们便挑选合适的空地修建新窑洞。武占正选在了石圪口头，他的小女儿还在母亲肚子里时，新窑洞就已经动工了，前后花了几年光景。

院落大门牌匾"鹭涛凤彩" 摄影◎于哲

武元小 25 岁结婚，26 岁去山西寿阳打工。那时候村中许多生活条件不如他的人修起了新窑，于是父亲也让他修。习惯上，修窑洞之前要找风水先生看风水，窑洞的最后一块砖搭上后要烧香祭拜。武元小的妹夫信奉基督教。在他的影响下，武元小父亲也信基督教，因此唱歌礼拜替代了旧有的合龙口仪式。武元小家的新窑洞修在紫柏崖圪，一开始修了三孔，但他父亲说"剩下两孔窑，我死之前你都修不好"。这句话激励了他，他只花了两年时间就修好了五孔窑洞。窑洞修好后不久，他父亲就去世了。

多年过去，门楼依旧矗立，只是多了岁月的痕迹。这座院落现在成了兄弟俩储存红枣的地方。他们平常住在自己新修的窑洞里，只有干活时会在这充满回忆的地方临时休息。

（文 / 孙兆琦　江沛）

"鹭涛凤彩"院落大门 摄影◎于哲

❖ 树德务滋 ❖

这是碥里武汉卿家族武学堂的老宅院，院子里有六孔窑洞，按照村里的叫法是"老地方"。武学堂将宅子传给了三儿子武友严。武友严有四个儿子，老大的儿子武光勤、老二的孙子武海朝、老三的儿子武义耀和老四的儿子武义孝分别继承了先辈的窑洞。武义耀的窑洞目前由他的哥哥武义明看护。

门楼的屋脊上置放着深青色瓦质的兽形装饰，门旁的木雕花纹均出自老木工之手。据武光勤（1942年生）说，老一辈人听闻黄河上游有一家要卖大门，就前去议价，买下后将大门拆开，搬回村里重修。那时只有大船这一种交通工具，修门的材料装了满满一船。现如今可以清楚地看到门上有两种石头：一种是当时买回来的，非常坚固；另一种是本村的石头，已经风化了。门上的木匾依旧保存完好，"树德务滋"四个大字苍劲有力。"树德"指培育良好的品德，"务滋"指必须更多。这是祖辈对后人的训诫，意思是向百姓施行德惠，务须力求普遍。

武光勤说，原来人多地方小，夏天的时候人们便在窑洞前搭灶做饭。正房边上有一个门洞，架上梯子、穿过门洞可以到达房顶。原本打算在洞上做二层窑洞，但因生活困难便没有修建。面朝窑洞，左起第三间从外面看是一孔窑洞，实际里面还有半孔，被称为"过洞窑"，一般用来贮存红枣等物品。

（文/孙兆琦　江沛）

碣里武汉卿家族武学堂的"树德务滋"老宅院大门,如今的门牌号为泥河沟村32号。 摄影◎武雄

世其昌

沙塄上家族的武作桢有3处宅子，因为他去世得早，3个儿子就商量着平均分家，谁也不能吃亏。大儿子武鸿章分得了村口的院落，也就是"世其昌"宅；二儿子武建章和三儿子武开章分别继承了湾崖地的四合院和戏楼圪洞下的宅院。

村口的院落原先是一处四合小院，也是20世纪40年代泥河沟村的学校所在地。正脊、垂脊砌成了镂空花样。梁柱交接处是带有二龙戏珠图案的骑马雀替。门砧正面是菊花纹饰，背面光洁平整。门框上凸起的圆木被称为门簪，朝向门外的头部雕刻着花纹，后尾雕作卷云头。檐下的斗栱共4朵，各朵上的翼栱如同鸟翼，上刻麒麟、牡丹图案。两朵斗栱之间的栱眼壁上饰有花草。

当年，武鸿章准备兴修明柱抱厦，材料都已经准备齐全，却因战争搁浅。院子传到他的儿子武忠谋手里。武忠谋只有4个女儿，无人继承。在三女儿的提议下，武忠谋把宅院卖给了武占周。武占周去世前将院落分给二儿子武国朝和三儿子武德朝。

湾崖地的山崖下有一处四方形的院落，修建于民国十四年，青石板铺成的斜坡通向院里。据武治洲描述，修大门时没有公路、没有汽车，所用的材料都是用船运过来的。门楼上的木匾亦有"树德务滋"四个大字。这几个字原本是武治洲的爷爷武开章写的，但他的字太瘦、太细，不便雕刻，只好请村里的武世成来写。院里正面共有五孔窑洞，面朝窑洞，从左边起，第一间和第三间是武建章的二儿子武织旺的，第二间是大儿子武鹏的，剩

"世其昌"宅门楼上的吻兽与垂兽 摄影◎侯玉峰

"世其昌"老宅匾额 摄影◎侯玉峰

下两间是武开章和他的儿子武爱雄的。厢房分别属于武鹏和武治洲。窑洞的对面是新修的砖瓦马棚，武鹏和武爱雄各有两间。

圪洞下的宅子原有两孔窑洞，破败后重修成了三孔，四周箍有石头，被称为"粗面子窑"。当时村中没有石匠，于是请来程家塬的师傅修建，因此又被称为"程氏窑"。这座院子完整地保存着明柱抱厦，十分精美。明柱抱厦是陕北民居的特色样式，修建工艺复杂。首先要在窑洞门前修建起1～2米的平台，碗口粗的廊柱矗立在平台上，五六米高，廊柱上方由一根檐檩固定，下方则是坚固牢靠的石墩，这就是明柱。窑洞正墙上突出的是耍头石，一根通长檩条放其上。在长木和横木之间码上粗细均匀的椽子，再在上面盖上茅草或青瓦，厦檐就完成了。这样的建筑式样一方面能够有效避免雨水进入屋内，保证窑洞内干燥舒爽；另一方面，抱厦下的阴凉空地又能成为人们会客、交谈的好去处。不是所有家庭都能修得起明柱抱厦，因为廊柱需要上好的木料，石墩同样需要石匠的挑选和打磨。有时修一个明柱抱厦的成本要高于挖一孔窑洞。因此，可以说明柱抱厦是除窑洞孔数、大小和样式外，主人身份和经济实力的又一直接体现。

（文 / 江沛　孙兆琦）

圪洞下"明柱抱厦"宅院内景　摄影◎侯玉峰

湾崖地"树德务滋"院落大门，如今的门牌号为泥河沟村8号。　摄影◎于哲

绣楼院

戏楼圪洞西侧不远处有一户老财主家的院子。二层小楼的设计使它与众不同。正门上留有民国四年修建的字迹，门外圈的砖早前塌下来过，重修时用的石头与原先的有明显差异。门口拐弯处的廊门因为年久失修倒塌了，现在只剩下一个过道。院内的东房也已经损毁，只剩下西房。门洞后有18级台阶通向二层。二层有两孔窑洞，窑洞前是宽阔的平台。待到红枣满枝，这平台便是俯瞰古枣园的极佳观景台。平台旁是硬山楼式的砖瓦房，坐落于石门券上，与窑洞相映成趣，别有一番风味。事实上，这是泥河沟流行的一种窑洞院落形态，叫子口窑院。作为入口同时又作为硬山绣楼房基的这口窑，就叫子口窑。

相传，这处别致的小院是磑里武亨通家族武汉杰所建。传至第38辈时，武学海与武学起分别拥有一半的院子。子口窑、门楼正对的窑洞和砖瓦房归武学海所有，现在是武继龙的住处。剩下的窑洞被武学起卖给了武云雾，传承至今，为武连孝所有。院内的矮墙是后来修建的，院子的一角也开出了一条新路。两家既相通又相隔，在这黄土高原上过着平凡的日子。

（文 / 江沛　孙兆琦）

碛里武亨通家族"绣楼院"硬山楼式砖瓦房 摄影◎贾玥

五、奈何离乡

返销粮

夏季的泥河沟村,枣枝交错,绿影婆娑,与古窑洞的黄土色相映,古朴之中显示出无限生机;秋季的泥河沟村,火红的枣子挂在枝头,映衬着村里人收获的喜悦。泥河沟村虽紧邻黄河但并不是一个丰饶之地。黄河是一位慈祥却又严厉的母亲,养育出泥河沟人坚韧不拔、勇于挑战的品质。这里属于贫困山区,可用耕地少。原本贫瘠的土地再加上经常性的灾害,使村民的生计雪上加霜。20世纪50年代末至70年代,受各种政治运动和几次特大旱灾的影响,村民生活水平大幅下降,许多农民不得不靠救济粮度日。特别是在三年困难时期,用村民的话说就是"三年打的粮食不够一年吃",最后连玉米吃剩之后的玉米芯,也要在磨子上推碎用来果腹。

在以农业生产为主的农村,吃返销粮在农民眼中并不是一件光彩的事情。泥河沟村吃返销粮的历史可以追溯到1955年,最后一次记录供应返销粮的时间是1992年。救济粮、救灾粮则一直持续到20世纪末。几十年间,村中虽然有了返销粮,但村民仍过着吃了上顿没下顿的日子。在"文革"初期,村中粮食实在不够,由于政府发放的返销粮并没有分配到泥河沟村,村里人没有办法,就组织村中20多人到县革委会要粮食。村书记武正生(1960年生)还记得上学的时候粮食紧缺,没有东西果腹,村民会将水烧很长时间,使水变得和稀饭一样黏稠,饿的时候就靠喝这熬锅水来充饥。有村民说:"东是黄河西是崖,不吃供应,粮从何处来!"那时,村里人年年月月都靠吃国家返销粮维持生活。

返销粮由政府分配,根据村中的受灾情况进行调整,因此每年分配的数量不一样,频率也不相同,有的时候每个月给一次,有的时候一年只给两次。

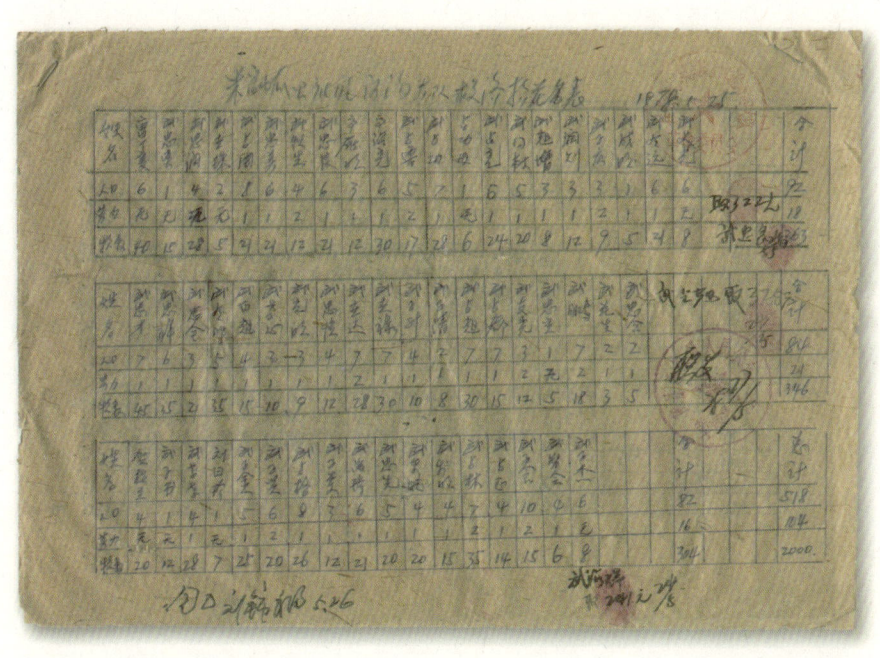

1978年泥河沟救济粮花名册

买粮需要村干部到乡上开会。收到分配返销粮的通知后,村干部开内部会议进行评选,依据村里人生活水平的高低来决定分配粮食的多少。如果下达的返销粮指标足够,会按照村中人口分配;如果少的话要按户来分配。村中会计统计姓名、人数和分配斤数,制成的表格要拿到乡政府审批,再将审批同意的表格拿到粮站买粮。村民到达粮站后,由各个小队收好钱上交粮站,队长再将粮站放出的粮食按之前评议的斤数分配到小队村民手中。1960年困难时期,恰逢武子勤(1933年生)担任村中大队长。他在村里有很高的威信,那时作为大队长,需要去通镇粮站办理返销粮手续,再用车将粮食带回村。之前一般都是两个人一起去以便互相监督,但村里人都信任他,放心他一个人去办。有一次,武子勤办完手续,拉粮回村,回到村子后发现粮站多给了整整3000斤粮食。这在当时是一个爆炸性的事件,不少村民说把这多出来的粮食分给大伙儿,但是武子勤说坚决不能分,毅然决然重走几十里路,把3000斤粮食退还给粮站。村里人最后也都表示支持。在之后的几年中,他每次去粮站办手续,粮站的工作人员没让他排过一次队。

国家供应的返销粮成为村民的救命稻草,但是这稻草得来却十分不易。在风景如画的村庄之外,是一条条通往粮站的山路。几十年来,人们往返其间。当时流下的汗与泪,如今早已绿了山崖。返销粮由专门的粮站供应,早期是在距离村庄90里的乌镇粮站,刘国具乡、大会坪等地方也会供应粮食,后来因为通镇距离较近所以逐渐固定在那里。一村人只能凭借自己的肩膀,把救命粮扛回村子;只能依靠自己的双脚,翻过几十里的山路,用 滴滴汗水换来一粒粒粮食。沿着车会沟一直向前,便是通往通镇粮站的40里山路。在这段路途中,不乏悬崖边上仅能容下一只脚的羊肠小路,或是坡度近45度、碎石遍地、荆棘丛生的山坡土路。普通人在不负重的情况下,站上去都颤颤巍巍。难以想象村中背上几十斤粮食的男女老少,是如何翻山越岭,走过这惊险的山路。

由于山远路险,每家每户的人往往选择天不亮就起身出发。到了背粮的日子,

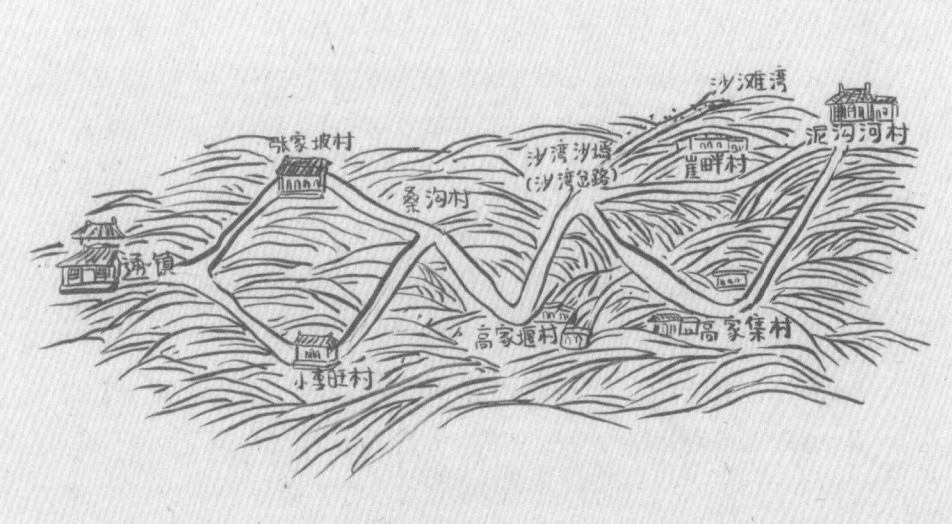

通镇背粮路线图　绘图◎榆木先生

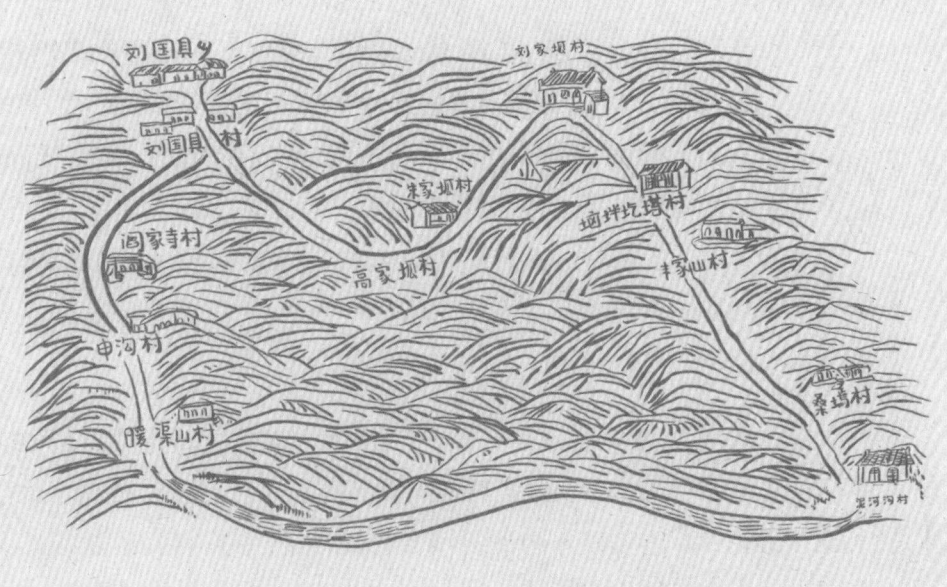

刘国具乡背粮路线图　绘图◎榆木先生

夜色还未散去，便能看到村中点点灯火闪耀，没有约定、没有集结，大人背大布袋，娃娃挎小布袋。一村人无论严寒酷暑，没有任何商量余地，只能赶赴粮站，背回属于自己的粮食。村民通常要走近4小时才能到达通镇，渴了就在沿途溪流里喝山泉水，饿了就吃出发时拿的窝窝头，但更多的人选择饿着肚子前行。到了粮站，买上5分钱的稀饭，条件好的会买上1毛钱的饼来充饥。一般分粮食的工作需要持续几小时，先分到的可以先离开。如果是夏季，大家会选择避开最炎热的时候，在下午4点左右从粮站出发。返回的路上，背上粮食的人们很少停歇，只有迫不得已的时候才会将粮食放在石崖上就地休息一下。背上几十斤粮食，再加上天色渐暗，使原本崎岖的山路走起来更加艰辛，回来的时间也就更久，一般天黑才能到家。在背粮的那几年里，泥河沟人渐渐形成了接粮的传统。由于路远粮多，家里人就会在半路接过一部分粮食。武花生（1956年生）小的时候，家里的粮食都是靠父亲来背。但是由于父亲后来干活将腿摔伤，背粮重担就全部压在他尚显单薄的肩膀上。十几岁的时候，他就开始去通镇背粮食，刚开始最少也要背六七十斤。有一次背粮走山路时脚底磨起了泡，但他仍忍着痛走回了家。等到后来长大些，他用扁担一次便能担90多斤粮食回来。有的人家如果连买返销粮的钱都没有，就会找人借钱，凑上几块，坐船去价钱相对便宜的第八堡买粮，再背到通镇去卖。背粮的路又远又险，但是村民心里喜悦，"人民苦不能怨政府，政府给了粮，累也是愿意的"。国家给的粮食在最困难的时候救了村里人的命，这份恩情，村里人不曾忘记。他们就是靠着肩上背来的粮食度过了最煎熬的日子。

如今，村中的生活渐渐变好，但是人们对粮食的珍视之情却一直没有改变。之前交通工具不发达，全村上下能走动的都要走上40里山路背粮食。如今虽然通了公路，但年轻人有时还会选择这条路步行去往通镇。在这条路上，每一寸土地都承载过沉重的脚印，每一抹翠绿都曾被汗水浇灌。这是几代人的共同记忆。

（文／韩泽东）

车会沟沿线的山路,承载着泥河沟人对"背粮岁月"的记忆。 摄影◎康宁

◇ 移民陕西山西 ◇

三面环山，一面临河，大自然赋予泥河沟壮丽如画的风光。谁能想象这个小村子一直饱受着灾害和贫瘠的困扰？这里多山少地，虽有返销粮的救济，泥河沟人的生活依然清贫。20世纪70年代的一场大水将仅存的河滩地冲走，使村民的日子雪上加霜。

日子要继续，活着要吃饭，艰难的生活迫使村民背井离乡。较为集中的是20世纪50年代和20世纪70年代的两次移民。据武国柱（1933年生）回忆，50年代村里迁出近30户居民，武润五、武凤五、武三五、武增光、武成考、武早生、武有福迁往内蒙古，武忠和、武世乐、武模娃迁往山西，武根项、武三项、武四项、武福则、武党生、武山则、武三寿、武买则、武润寿和武埃寿迁往本省的延安，武双买、武元红、武岳五和武处则迁往本县北部生活条件稍好的地方，当地人称他们为"逃难户"。

20世纪70年代，政府提出生态移民，县里宣传，乡里推荐，村里派人，号召生活困难的村民向地多、粮食多的地方迁徙，鼓励但不强制报名。同时，每户人家都能有120元的迁徙补助金，政府还会补助一定的粮食来帮助村民尽快适应他乡的生活。因此移民的规模才逐渐扩大，仅1970~1972年，报名参加生态移民的泥河沟人就达到34户。

移民的方向有远有近，宁夏、内蒙古、山西寿阳与汾阳，延安黄龙都有村民前往。村民一般都是头年冬天开始报名并选择移民地点，亲自到当地去看情况后，来年开春举家前往移民地。移民都是陆陆续续迁出，时间不固定且少有同行。大队还会视移民远近情况派人护送，帮着运家产和行李。

武爱雄是本村出的"大人物"武开章的长子,却也曾在 1971 年因生活所迫短暂移民佳县上高寨乡。 摄影◎侯玉峰

武元小曾一度举家移民至山西寿阳。 摄影◎侯玉峰

人们怀着最朴实的期待前往陌生的地方，拖家带口，只为一口饭吃。

延安地区的黄龙县是村民选择最多的地方。1970年，村里去了3户人家，分别是武世国、武有远和武占林家，武增光家也随后前往。那时的交通方式主要是水运，人们会雇船顺河南下。

移民行动曾让很多泥河沟人徘徊在移民和留在本地的选择之间。1971年，王春英（1943年生）看到大家都在移民，而自己家里有4个娃娃，自己上工很辛苦却还是吃不饱饭，饿得没办法，"听说外面的村子生活得好"，于是报名去黄龙。她收拾了两天行李，每天晚上都睡不着。待到手续办理好，临走前她的母亲到家里看望她，母女俩抱头痛哭。"我妈不愿意让我们走。她就我这么一个女儿，舍不得我走，害怕这一走她就再也见不到我了。"王春英后来回忆道，"泥河沟有这么多人，忍饥挨饿的也不只是我一家。人家都没走不怕饿死，难道我不走就会饿死吗？"于是她决定再苦再难也不离开村子，虽然日子过得辛苦，却也少了一份情感上的牵挂。

同一时期，武玉琪、武光荣、武爱雄、武光勤、武光正、武子孝、武忠会和武占斌和武占关家迁往本县上高寨乡，武占耀、武忠元、武保荣、武占亮和武有苗家去了刘国具乡，武忠昇家移民至王家砭。除了移民本省、本县，还有很多泥河沟人选择迁去山西。

20世纪60年代的大水冲走了武耀增（1953年生）家里的土地。生活的贫困把他们一家人逼得实在没办法。1968年，武耀增一家移民到延安甘泉县道镇。1969年，武耀增的父亲卖了一匹马，逃税去了黄龙，并在那里偷偷开辟荒地种粮食来维持生活，但是因为户口没有迁过去，1970年的腊月又回到村子。后来他父亲托关系，将一家人都迁去了山西。据武耀增回忆，去汾阳的时候先是坐船，再坐一段时间的大卡车，要整整两天才能到。

武耀增在汾阳生活得很好，在农具厂学习打铁。他的手艺很好，在厂里很受器重。那段日子虽然衣食不愁，可他的心里总是沉甸甸的，一直惦记着

1971年泥河沟移民花名册

家乡泥河沟，逢年过节的时候更甚。"兔跑千里，不离旧窝"，思乡心切的武耀增跟他父亲说了自己的想法。父亲也很支持，"到哪里都不能忘本"。于是1975年，他们一家重回泥河沟，同时也把户口迁了回来。

除了武耀增，武元小、武占正和武忠广三家移民去了山西寿阳，武子勤一家去了兴县，武士春一家去了内蒙古临河。

对于大多数村民来说，迁居异地依然是受苦受累，也难保生计。"反正饿不死，不如回村去"是很多移民的想法。1971年移民上高寨的武爱雄（1925年生）在那里一共只住了十几个月就返回了泥河沟。回村后，他找到农业局局长帮忙解决落户问题，结果遭到拒绝。武爱雄回忆说"他一把就把我了推出去，说'你们这些泥河沟的人，好吃懒做，一辈子的麻烦人'。"

有些村民身处外地，条件虽然好一些，但是也受当地居民的排挤。怀着对家乡的思念，每年都有村民回来，其中1975~1976年返村的村民最多。

（文／辛育航）

❖ 远徙内蒙古五原 ❖

翻开泥河沟生态移民的花名册,有一个地方,属于它的故事虽少,但留给村民的记忆尤深,这便是内蒙古五原。

1969~1970年,佳县政府号召生活困难的村民移民外地,有12户村民选择前往内蒙古五原。据村民描述,五原地处内蒙古八百里河套腹地,地多人少,加之黄河尚未断流,水量充裕,特别适合小麦的生长。在生活条件极为艰苦的年代,五原的居民可以吃上精磨的细面,而泥河沟的村民却连玉米粗面也吃不上。

据武存平(1962年生)回忆,20世纪60年代的五原主要的人口都是移民过去的汉人,有很多单身汉找不到对象,因此很多泥河沟人选择把女儿嫁到那里,一来温饱问题可以解决,二来可以融入当地居民的生活,更容易落户。

移民的路途十分辛苦。村民首先要步行40里山路前往通镇坐汽车。每天只有一趟车发往五原,能坐上的人极少,所以天不亮大家就出发赶去排队。一路上都是山沟沟,经常有事故发生。司机小心谨慎,只在白天开车,晚上组织大家休息。汽车途经榆林、鄂尔多斯和包头,一共三天两夜才能到五原。

武存平的四叔武子祥曾经是村里有名的铁匠,当过兵,据说打过大大小小近30场仗,还参加过解放战争。1957年,他回到泥河沟村,结婚生子。之后武子祥独自去了新疆做铁路工人,同时也当铁匠补贴家用。三年后,他回到泥河沟。其后的多年,他带着老婆和9个子女再度迁到延安。他携家带口,吃过树皮,睡过桥洞,除了生计问题,还要担心自身是黑户被抓住遣返回村。他们全家辗转走过9个省，1969年最终到达内蒙古五原并落了户，从此再也没有离开过。

武存平的二叔武子岗1968年动身前往五原。当时，武存平的父亲武子奢在村中担任大队长，工作很忙抽不开身。武子岗在五原的生活过得不错，常常牵挂着仍在泥河沟受苦的武存平一家。20世纪60年代，武存平的大姐夫耍水溺亡，留下大姐武吊娥独自带着两个孩子，生活十分困难。武子岗回村后，提议武吊娥到五原，重新找一户人家过日子。于是1972年，武吊娥带着两个孩子落户五原。武吊娥不识字，加之当时交通极其不发达，她请人代写的书信常年寄不到家里。武子奢十分想念在五原的大女儿却没有办法联系。

1976年9月，武子奢就带着武存平去了五原。武子奢原本不打算留在五原，只是想看看女儿，结果发现那里条件确实好，当地人都吃上了白面馍馍。最终，武子奢在五原县城关公社乌兰大队落了户。武存平的二姐武乃巧后来在1977年也到了五原。

武存平不喜欢在五原的生活，虽然那里生活好些，但由于语言不通，当地人说他是"榆林侉子，洗脸不洗爪子"。上学时他和当地学生也处不好关系，隔三岔五就会打上一架。1981年，武存平离开五原，回乡在桑塆找了个对象。他是村中唯一移民五原又回来的村民。相比五原的生活条件，家乡虽然生活困难一些，但他从来不后悔离开五原，"哪里都没有家里好，我一直最喜欢泥河沟"。

再次翻开20世纪60年代的生态移民花名册，迁去内蒙古五原的居民还有武占江、武忠勤、武忠庆、武国正、武子旗等。心系家乡的他们每年都会抽空回来看看家乡的变化，与村中老人在人市儿畅谈共同经历的过往；若逢清明，则为祖坟添一把新土，聊聊在外漂泊的辛苦，叙叙牵挂故乡的情肠。

（文 / 辛育航）

六、学堂记忆

✦ 四孔窑 ✦

在老一辈泥河沟人的记忆之中,存留着一所乡村学校,这所学校便是四孔窑小学。旧时校舍如今尚在,只是已成为村中一户普通人家的院落,昔日学堂印记早已无处可觅。这所学校位于后湾44号,如今已是高治国的家。院子里曾经嬉笑玩闹的孩童变成了德高望重的老人,琅琅书声也在岁月流逝中找不到余音。

20世纪50年代的泥河沟没有专门用作学校的窑洞,只能租房子让娃娃上学。1951年,首先在湾崖地16号(武忠谋家)设立了正式的学校。后来因为学生人数增多,教室不够用,或者由于租赁时限到期,学校总是不断搬迁。1952年,学校搬到现开章小学背后(武占正家);半年后,又搬去湾崖地12号(武冬旺家);又过了一年,在1953年前后,才最终搬到了四孔窑。

四孔窑小学的所在地是一座清代修建的双层窑洞,下有四孔,上有三孔,风格古朴。下层的四孔窑洞中,除一孔为半窑外,其余三孔皆是普通大小。当这里还不是学校时,下层东边两孔属于武忠山,西边两孔属于武国营。当时,这些窑洞没人住,他们就租给大队作了教室,一孔窑能换二斗五的米。等到四孔窑成了学校,三孔普通大小的窑洞有两孔是教室,一孔是教师办公室,那孔半窑面积小,就没有使用它。上排的三孔窑洞中,西边住着武明则,中间是教室,东边那孔早已塌陷得不能使用。

四孔窑作为学校的时光早已远去,但它那虽已泛黄却依旧荣耀的过往却被泥河沟人铭记。四孔窑小学的教师教学认真,学校教学质量好,周围村庄的家长都愿意把孩子送到这里来读书,所以四孔窑的学生人数比较多。50年代末

曾经的四孔窑小学，如今的后湾44号民宅。 摄影◎武雄

期,也就是武光勤(1942年生)在这里上学的时候,全校大约有30名学生。

泥河沟学校每天的教学安排很有特色,叫作"三放学"。武方强(1953年生)记得在四孔窑读书时,他每天没吃早饭就得去上学,因为学校规定的上学时间很早,必须夏天6点、冬天7点前到学校。到了学校,武方强先和同学们在院子里跑10多分钟步,老师才开始上课。有时候天还没亮,娃娃们为了看清楚书,要先串起蓖麻子的白色果果,再点燃它们。虽然有了一些亮光,但光线仍十分昏暗。上完一节课后,武方强才能回家吃早饭,然后再到学校上两节课。中午放学后,他回家吃午饭,下午继续上课。算下来,一天要放学三次,这便是当时实行的"三放学"制度。这种安排是为了使娃娃们的作息时间与村民的作息时间相吻合,便于每家每户管理娃娃。

对于在四孔窑上学的娃娃们而言,读书从来不是一件简单的事。为了读书,他们要克服诸多困难。当时书写工具匮乏,娃娃们使用了很多土方法。武占格家里现在还存留有在四孔窑上学时使用的书桌。这书桌带着个坡坡,写字时就往坡坡上放点土,要写什么字就用手指在土里画出来,写完之后晃一晃,字就没有了。后来有了石板、石笔,虽然方便了不少,但写出来的字是白色的,既不美观又不实用。等到条件稍微好点,孩子们可以用上毛笔、蘸笔,书写就变得轻松多了。

在那个生活困难的时期,大队越来越无力支付四孔窑的这笔租金。1965年,时任大队长的武子勤(1933年生)带领村民建造了六孔窑,一所属于村里的学校,四孔窑就恢复为泥河沟村一户平常院落。后来,武忠山移民去了山西,临走前把东边两孔窑洞卖给了高治国。高治国在这里一直生活到现在。

如今走过这座双层窑洞,人们已也不能捕捉到学堂时光的丝丝痕迹。对于20世纪四五十年代出生的泥河沟人而言,关于纯真时代的回忆一直存留在这里。而他们的晚辈对于六孔窑的感情,同样是这般深沉而且难以忘记。

(文/王嘉雪)

泥河沟七年制学校五年级学生毕业留念（1972年12月6日） 翻拍◎侯玉峰

六孔窑

四孔窑小学虽已不再是学校,但曾经的校舍依然存在,而六孔窑小学却没有这般幸运,曾经的校舍已了无踪影。村民们亲手堆砌的一砖一瓦都被时间抹去。唯一留下来的,是潜藏在泥河沟人记忆深处的情景——或是费尽气力背石,或是孜孜不倦读书。

20世纪60年代中期,全国大部分地区都生活困难,更何况地处黄土高原、偏远而又贫瘠的陕北乡村。虽然泥河沟人很重视教育,但大队无力支付四孔窑的租金供娃娃们上学。1965年,在时任大队长武子勤的领导下,男女老少齐上阵,背石头、拉石头、和水泥,在炉瓷坡建造了六孔窑。为了让娃娃们坐在宽敞明亮的教室里读书,泥河沟人手里磨出了厚重老茧,背上留下了累累伤痕。每当听见学堂里稚嫩的读书声,看到操场上奔跑的身影,参与修建六孔窑的村民都能感受到一种甜蜜的快慰和触动心灵的满足。

六孔窑小学位于炉瓷坡,赭黄的建筑既与遍地黄土交相呼应,又与碧绿枣林相映成趣。六孔窑洞坐西向东一字排开,每孔窑宽3.5米、长8米、高4米。中间两孔为教师室,既是教师平日里办公的场所,也是外地教师的住处;其余四孔均为教室,一孔能坐下20多个娃娃。窑洞前有宽敞的操场,是平时学生跑步做操的地方。操场南侧是灶房,外地教师就在那里做饭。

这是一所存在于"文革"时期的村小学,它的变迁体现了我国在特殊年代的种种变化,也左右了一代人的命运。1968年毛主席在"七二一指示"中倡导:"学制要缩短,教育要革命。"据《佳县志》记载,为响应号召,1968年佳县的小学由"四二分段制"改为"五年一贯制"。泥河沟的一些

1966年,六孔窑小学校长武光明签字盖章的收据包。 摄影◎侯玉峰

学生甚至没有读满五年就进了初中。"文革"时期，学校不发新的教材。当时，武小林（1954年生）班里有20多同学，共用借来的3本书。数学课上，由于学生没有书，老师要把题目在黑板上抄一遍。语文课上，老师不教拼音或者生字，只让学生背毛主席语录，背得多的同学还能得到学校的奖励。当时，武买保（1955年生）背得最多，能背120来条，学校奖励了他一张奖状和一支铅笔。

除此之外，"文革"时期为了方便农村学生读中学，全国农村地区大力开设戴帽中学。所谓戴帽中学，就是在小学的基础上增添初中，有的地方甚至有高中。在这种背景之下，泥河沟村就在六孔窑办起了戴帽中学，娃娃们就不用跋山涉水前往通镇或是更远的地方读初中了。可是六孔窑没有专门教初中的教师，初中课程也全由小学老师负责。这些老师对初中知识了解不多，不得不头天晚上自学，第二天再上讲台讲给学生。20世纪80年代时，泥河沟的戴帽中学被撤，并到了垴坪圪塔村，朱家坬乡只剩乡里和垴坪圪塔村有初中。

泥河沟刚开设戴帽中学时，初中、小学的学生加起来一共有100多人。六孔窑的四孔教室无法容纳全部学生，于是大队赁占五孔私人窑洞让学生上学，其中就有湾崖地15号（武买保家）。1965年，武买保的父亲为了改善生活，一咬牙就把家里的窑洞卖给大队作了教室，卖了1600元。地虽然卖出去了，但毕竟是家里的老地方，是祖辈留下来的遗产，武买保一直心心念念，希望有一天能赎回来。1986年，武买保家生活条件稍微好转，于是他花了5000元把这块老地方又买了回来。

面朝黄河的这所乡村小学，陪伴着在特殊时期读书的娃娃们，度过了一天又一天、一年又一年。村民在平淡生活中会暂时遗忘发生在六孔窑的种种经历。但一旦忆起，往事就像村前的黄河水一样奔腾而出，难以止息。据武子军（1971年生）回忆，武世忠老师是一个有钱人，染上了抽大烟的癖好，但学校规定不能抽大烟，他烟瘾犯了，就用樟脑丁代替。武世忠把樟脑丁放进小铁炉，用铁丝在里面鼓捣，就会有白丝飘出，这时用烟枪深深吸一口樟脑丁的气，吸完还要咳嗽两声，再在讲桌上磕两下烟枪。有一次，武子军偷看老师抽樟脑丁时被发现了，老师冲他大喊"往回走"。武子军当时吓傻了，赶紧灰溜溜地跑了。

老师往往扮演着一个令人生畏的角色，不仅是武子军，武正生（1960年生）也对此深有感触。有一次，武正生内急，实在憋不住了就在学校旁边小便。有个同学刚好路过，看到他在学校小便，死活要拉着他去见老师，让他给老师交代清楚。武正生一听要去见老师，立马就急了，和同学推搡起来。武正生气坏了，随手捡起一块石头就往同学脑袋上砸。事情越闹越大，最后老师知道了，罚武正生在教室外面站了一周，让他好好反省自己的行为。后来，武南耀劝老师别和娃娃计较，武正生这才能够回教室上课。

1977年，六孔窑小学被大队占了一孔用来办公，剩下的三孔窑洞根本无法容纳所有学生。于是学校在戏台和一个年久失修的窑洞处各设立了一个教学点，但保障不了师生安全。如梭岁月伴着欢笑与泪水匆匆流走，1979年热闹一时的六孔窑最后被十一孔窑取代了，之后成为大队办公的场所。2004年为兴修开章小学，六孔窑被彻底拆除，只留下了南边的灶房。记录了一代人成长历程、承载了很多人家共同记忆的六孔窑，在泥河沟村的地图上未留下丝毫痕迹。

（文／王嘉雪）

❖ 十一孔窑 ❖

寨则上的山顶有一排荒废了的十一孔窑洞,那便是存在了 30 多年的十一孔窑学校旧址。当年充满朝气的校园现已人迹罕至,荒草丛生。透过残损的窗户纸向窑洞内望去,黑板上似乎还残留着当年的字迹,墙壁上依旧贴着多张奖状。虽还保留着过去的痕迹,却逃不过 10 多年时光摧残。但是关于它的记忆仍旧鲜活,深深地印刻在了每一个在外漂泊的游子心底。

后期的六孔窑一不能容纳所有学生,二不能保障师生安全,加上泥河沟人向来以教育为重、以娃娃读书为先,所以 1977 年时任大队书记的武世勇向公社反映,要另找一块地方为娃娃们修个新学校。最初有 3 个校址方案,分别是河神庙、曹柳圪台和寨则上。河神庙靠近黄河,发水时容易被淹;曹柳圪台在村子后面,娃娃们上课要走很远的路。思来想去,最后村里选址寨则上的山顶,就是当时武忠凯(1944 年生)家的地基上。1977 年秋天,全村男男女女在石工队的带领下开始修建十一孔窑。当时,武忠兴是技工,武占路和武国树负责各方面的管理。最先只修了北面的八孔,后来考虑到教室不够用,外地教师也没地方做饭,加上南侧还有些空间,就在 1978 年又修了 3 孔。扩建完后,十一孔窑共有 7 间教室、2 间教师室、1 间灶房和 1 间库房。窑洞虽然已经修好,但设施并不完备,学校也就没有立即搬上去。直到 1979 年 1 月,全校师生才从六孔窑搬到了十一孔窑。1986 年,由武子勤承包,在十一孔窑修建了两个大门,又在院子东侧修了一面墙,防止学生掉下去。十一孔窑是全村人送给娃娃们最为珍贵的礼物,寄托了全村男女老少最为美好的祝福。他们希望娃娃们借此改变自己的命运,也改变这个古老村庄的命运。

十一孔窑位置险峻,道路狭窄,不易前去。从北侧大门进去,有一升旗台和乒乓球台,东侧有高约 1 米的围墙,西侧有十一孔窑洞面朝黄河。十一

这座已被废弃的小学,却封存了很多泥河沟人最珍贵的童年记忆。 摄影◎侯玉峰

银象山上远眺十一孔窑 摄影◎侯玉峰

孔窑洞中，南边后扩建的3孔较矮，也没有其余8孔长。从北侧大门出来，沿羊肠小道向上走，可到达十一孔窑的房顶。当年因此地狭窄，没有多余的空间修建操场，遂把十一孔窑的屋顶改建成了操场。操场北侧紧邻悬崖，为保证孩子们的安全，村民在那儿用石头垒了一面1米多高的墙。如今，这堵墙早已不复存在了。操场上还有篮球架，打球时一不小心，篮球就会坠入谷底。

受多子多福的传统观念影响，每家每户都愿意多养娃娃。武飞（1981年生）上学的时候，学生太多了，一共有11个班。学校里实在坐不开，就把学前班搬到了戏楼。直到1982年计划生育成为我国的一项基本国策，泥河沟娃娃的数量才逐渐减少，学生数量才稳定下来。加上小学学制由六年制改成五年制，十一孔窑一下子少了两个班，学前班就搬回了寨则上。

在黄土遍地的陕北，贫穷是绕不开的话题。即使是被家人捧在手心里的娃娃，也需要早早面对这个残酷的现实。虽然他们能够读书，但在收获知识的过程中需要克服种种困难。第一，十一孔窑在寨则上的山顶，地势高，道路险。上下学的路上有许多碎石，一不小心鞋底就会被尖利的小石磨破。第二，十一孔窑的基本设施并不完备，刚修好的时候地上全是土，老师从山下把水泥背上来，再用它把地抹平。后来水泥失效了，地面裂了缝，不得不把水泥掏空，再铺上一层新砖。砖的数量特别多，老师和学生一连几个礼拜下了课就去搬砖。普通学生一次只能搬三块，武保卫（1981年生）能搬五块，他还因为搬的砖多得了劳动模范奖。寨则上没有通自来水，为了解决教师的生活用水问题，学校规定，哪个学生要是违反了规章制度就得去挑水。久而久之，那些最为调皮的学生每天早操时间就不做操了，而是去戏楼圪洞的井边装水，装好之后俩人抬上一桶回学校。老师的饮水问题解决了，那学生喝水怎么办呢？当时武谨（1992年生）的家离十一孔窑特别近，学生渴了都跑去她家喝水，夏天能把她家的水缸喝光。她心疼爸爸和姐姐担水很不容易，下课都不敢回家。第三，十一孔窑教学条件不好。没有黑板，就把水泥抹到墙上，再刷上一层黑灰，十分粗糙。桌子也不够用，低年级的娃娃三五个人挤一张桌子，不能同时写字，就一个人写完另一个人接着写。学校没有教具，平常数学课上用的三角板与圆规都是老师自己用小木板做的。

虽然学生在十一孔窑上学要适应诸多不便，但是老师无微不至的关心让学生的梦想在此起航。武琳（1973年生）刚上学时很讨厌上课，因为每天都有同学嚷嚷着"春天来了，小燕子要飞回来了"。在她看来，教室如同蛤蟆坑一样让人心烦。为了躲避吵闹，她经常请病假在外面玩。她一边玩一边听着铃声，等到放学时就背着书包回到学校，再跟着放学的队伍回家。后来老师发觉她天天都在固定的时间肚子疼，觉得蹊跷，便派了两个高年级的学生去找她。这两个人看到武琳在枣树下玩水，就把她带回学校，让她向老师和父母说清楚。武琳这才老老实实地去上学。后来有一次选班长，班里19个同学有18个选了武琳。当时武正生（1960年生）是她的老师。武琳哭着鼻子、红着眼睛对武正生说，自己是女孩，不能当班长。武正生安慰道："女孩也可以成为班长，以后还能当女县长呢！"就这样，武琳成了副班长。有一回正班长生了病，上课时就由武琳喊起立。喊出起立的那一瞬间，武琳感觉当班长真好，因此她十分感谢武正生对她的鼓励。除了武正生，还有很多老师为培养娃娃付出了时间精力，比如武小林（1954年生）。有一个学生叫武四军，十分调皮，他要求父母在他回家之前，不能开锅吃饭。如果父母提前吃了饭，他就在家里哭闹。后来有人向武小林提起了这事。武小林为了告诫这个娃娃，就在班里看似漫不经心地提了一句："咱们有学生表现不好，父母劳动回来还得等你回家开锅。"武四军认识到自己的错误，心里十分羞愧，随即改掉了这个毛病。泥河沟娃娃们的过往，汇成了十一孔窑久远而独特的历史。回忆时，这些经历带给老师和学生的，是对过去无尽的感怀与珍惜。

现在在十一孔窑成长起来的孩子们多已背井离乡。不过在外漂泊的游子们不会忘记这所位于山巅的乡村学校，以及伴随滔滔黄河水，在这里度过的一个个春夏秋冬。一回到故乡，他们都会去趟十一孔窑，因为这里是他们封存童年记忆的地方。

（文／王嘉雪）

◇ 开章小学 ◇

站在村口,透过葱郁枣林,依稀可见一栋蓝白相间的三层小楼——开章小学所在地。小学位于炉瓷坡上,面东而立,楼顶竖有"开章小学"四个大字;楼前设有一个旗杆,两侧的松树由教师武世敬栽种;楼前操场被红砖围墙围绕,东侧建有一乒乓球台。

开章小学建起后,被定位为中心校,周围村子里的小孩儿都到这里上学,最多时有近200人。从窗户纸到玻璃窗,从崖边房顶到楼前操场,娃娃们从破旧窑洞搬到窗明几净的楼房中学习,这源于武越对故乡的一片赤子之心。

以前的十一孔窑小学在山上,空间狭小且坡陡石滑,村里一直想盖一所真正的小学。娃娃上学的困难被回乡的武越看在眼里,她不想再让娃娃受这种苦。2002年秋天,为了凑钱修学校,武越通过朋友联系到陕西省省长,向他反映了村中小学的情况。省长很支持农村的教育建设,将村中上报的材料批转给榆林市,最终批给村里30万元建校费。

武琳(1973年生)拜托她的同学李云做建筑设计,雷光平做结构设计。村里原计划在寨峁上修建一个两层长排楼房,但由于枣树赔偿金问题,最终村里投票决定把学校建在原六孔窑的位置上。武琳和她的同学将大量的时间、精力投入到这件事情上,当时没有电脑辅助,都是靠手画、手算来完成设计,工作量很大。最后作为酬谢,村里给他们共5000元。村里通过类似招标的方式,花了29.5万元请了一个施工队。施工的时候,村民都将其当作自己家盖房子,监督工程的进程。村里靠之前修路剩下的钱,以及村里人筹集的钱,为学校购置了桌椅等设备。2003年9月,新学校竣工,大

开章小学正门 摄影◎侯玉峰

家一起扭着秧歌庆祝,场面十分红火。小学修好之后,经过严格的审批手续,最终以"开章小学"命名。

开章小学碑记

开章小学是以中国共产党优秀党员、山东原省委书记武开章同志的名字命名,经佳县教育局批准的学校,即佳县朱家坬乡泥河沟小学。

武开章同志出生于佳县泥河沟村。他初期的革命活动,就与教育事业密切相关。发展家乡的教育事业,是开章同志终生的心愿。建立开章小学是落实党中央教育兴国的战略。在省市县乡各级领导的关怀下,由武开章同志的子女积极联系榆林市政府拨款三十万元,于公元二零零三年十月建成。

新建的开章小学坐落在泥河沟村中央。望中山峦起伏,耳中水声隐隐。主体建筑为三层楼房,总建筑面积七百三十五平方米,在四周窑洞的环抱中,这里可称得上是泥河沟村最好的建筑。地处中心既便于学生上学往来,又代表着村民心中的希望。

俗话说,治贫先治愚。开启民智是强国富民的根本。发展教育是造福子孙后代的百年大计。泥河沟村向来就有重教办学的优良传统,但条件的简陋限制了教育事业的发展。开章小学的建立为发展我村教育事业创造了良好的条件。这不仅实现了我村前辈先贤的多年心愿,同时沐浴着新世纪的阳光。伴随着党中央加大开发西部力度的英明决策,开章小学必将为家乡的发展,为社会的昌盛,培养出时代的栋梁之材。踏入这个学校的每一位学子,应当立志高远,抱负宏伟,学习老一代无产阶级革命家的榜样精神,为祖国的繁荣昌盛,为人民的安康幸福,发奋学习,不负家乡父老殷切期望,不负开章小学命名之意。

公元二零零四年三月记
领导人:武国雄　撰　文:武南耀

金狮山上远眺开章小学　摄影©侯玉峰

书 丹：草生慧　镌 石：刘富强

法人代表：武治洲

承建单位：榆林市建筑公司

陕西佳县朱家坬乡泥河沟村

公元二零零四年七月立

开章小学配备了现代化的教学设施，但农村教师都不会使用那些器材，除了偶尔给学生看些动画片或者爱国主义教育片外，基本上就是摆设；教学科目主要是语文和数学。除此之外，全校一到六年级只有一位英语老师，这位英语老师是从城里来的。学生喜欢和她待在一起，村里人都把她当宝贝，谁家有好吃的都会赶紧给她拿去，自己舍不得吃，而是让她吃。

虽然村小学的条件比以前好了很多，但是相比之下，外面的教学条件更好一些。于是村里很多家长就让孩子在村里从幼儿园上到二三年级，再去通镇上小学，去榆林上中学。以前教室里学生坐成一片，老师讲课也有信心。后来学校一年不如一年，学生越来越少，留下来的孩子没有同龄人的陪伴，很孤单；老师也逐渐减少，由7个变成3个，留下来的年纪也比较大。从开章小学成立到学生全部离开，不到10年时间。虽然乡里有明文规定，大村的学校不能撤，但是家长不同意。仅数年光景，学生们全部涌向佳县或者榆林市接受中小学教育，这个文化大村就再也没有琅琅读书声了。2012年，开章小学最后一个学生走了，只留下空荡荡的教室和布满灰尘的黑板。曹会琴老师看到自己教过的娃娃都走了，陪伴自己多年的小学撤掉了，心里十分失落，备感惋惜。开章小学所在地现已成为村两委办公的地方。

如今留在泥河沟的多数是年迈的老人，青壮年在外打工，带走了年少的孩童。虽然开章小学建成时的热闹场景仿佛就在昨日，但今天的泥河沟却已难觅小娃娃的身影。人市儿里仍有老人谈天说地，小学里却再无诗篇吟诵。

（文／王嘉雪）

2016年7月16日,"泥河沟村文化大讲堂"在开章小学举行,村民们扶老携幼前来倾听北京来的专家们对泥河沟农业文化遗产的保护与发展规划。 摄影◎李攀

开章亭

在泥河沟的北山之巅,屹立着一座正五边形的中式传统亭子。砖红柱子与飞檐翘角、棕黄琉璃瓦顶相互映衬。亭子正面上方挂有一金边孔雀蓝匾额,上书六个金色大字"武开章纪念亭"。匾额之下有一副楹联,上联是"六十年革命生涯不泯丹心昭日月",下联为"五十里浩荡黄河长流勋业贯古今"。纪念亭正中放有一块碑石,篆刻着武开章的一生事迹。在亭中俯瞰,远处的群山、浩荡的黄河、错落有致的村庄、碧绿的枣林尽收眼底。

武开章同志纪念亭记

陕西省佳县泥河沟村北石山之巅,武开章同志纪念亭屹然特立,南拥黄河,北依冈阜,绿树环绕,白云流连。凭栏眺望,颇得江山之胜,足兴感怀之情。武开章同志生在国家多难之秋,江山疮痍,民生凋敝。虽出身富家,然志在救国救民。在就读榆林中学时,即接受马列主义真理,一九二五年与刘志丹同志等同时加入中国共产党,此后即完全献身革命事业。从黄土高原到塞北牧场,从天山南北到齐鲁大地,以六十余年的革命生涯,走出了一条光辉的人生之路。在革命战争年代,武开章同志以其出众的才略,在发展党的组织,建立党的武装,创建和发展神府革命根据地的斗争中,在抵抗日本帝国主义侵略的民族解放战争中,在争取全国解放的伟大斗争中,为了党的事业舍小家顾大家,依靠群众,团结同志,正确执行党的方针和政策,为革命事业做出了卓越的贡献。在和平建设年代,武开章同志虽身居高位,却始终保持着普通共产党员的本色,密切联系群众,时刻关注群众的利益和疾苦,为党的建设和祖国繁荣富强、社会经济发展殚精竭虑,卓有建树。对于这样一位有着丰富革命经验和成绩卓著的老同志,在一段

摄影©李攀

历史时期内却遭受到错误的批判和不公正的待遇，但不管地位如何变化、工作如何调整，武开章同志始终把党和人民的利益看得重于一切，相信党相信群众。他以坚定的革命信念、实事求是的科学态度、敢说真话的无畏精神，表现出一位无产阶级革命者忠心报国、勤政为民的磊落情操，表现出一位老共产党员坚持真理、正直无私的博大胸襟，表现出一位人民公仆严以律己，宽以待人的高洁情怀。正是这种克己奉公、无私奉献、全心全意为人民服务的精神，赢得了广大群众和家乡父老的崇敬和爱戴。武开章同志是祖国的儿子，是家乡人民的骄傲，他以自己的革命精神和模范行动为后世树立了光辉的榜样。

中共陕西省朱家坬乡泥河沟村党支部
陕西省朱家坬乡泥河沟村村委会
公元二零零四年四月五日

这座亭子是为了纪念出生于泥河沟村的名人——武开章。1932～1934年，他先后任泥河沟村党支部书记、佳县岔道部区区长等职。1935年后，他历任神府红军第三团政治处处长、支队政委、神府特委常委宣传部部长、神府特委统战部长、神府分区党委书记兼河防司令部政委。1942年后，他历任西北局组织部科长、办公厅秘书处处长和绥蒙区党委常委、组织部长等职。1945年，他作为代表光荣地出席了中共第七次全国代表大会。新中国成立后，他历任西北局副秘书长兼办公厅主任、新疆分局副书记兼组织部长、新疆维吾尔自治区党委书记处书记兼组织部长、自治区党委监委书记等职。1965年9月到武开章同志山东工作，历任省农办副主任、省农业局副局长、省革委副主任、省革委会核心组成员、省委书记兼组织部长、省顾问委员会副主任。武开章同志在革命的年代一心救国救民，为革命事业做出了卓越贡献；在和平时期鞠躬尽瘁，时时不忘回报家乡。武开章全心全意为人民服务的精神，赢得了家乡父老的尊敬和爱戴。村里为了纪念武开章的功德与贡献，决定为他建造一座纪念亭，在2000年开始选址，于2001年农历五月破土动工。最终历时260天，在2002年2月全面竣工。

武开章（1905-1986）与夫人温桂亭（1921-2005）。温桂亭亦是陕北著名的革命女杰。

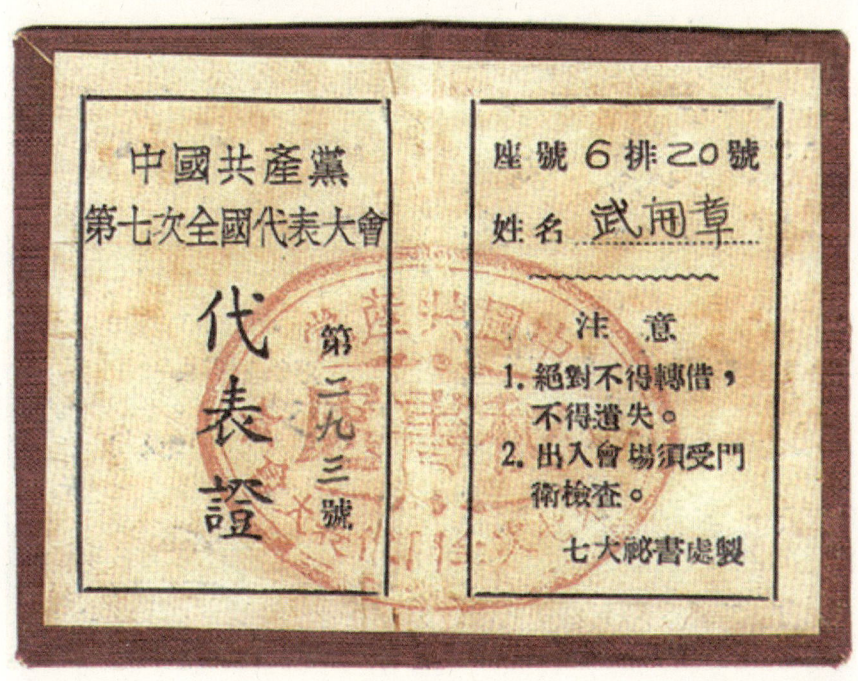

武开章 1945 年参加中共七大的代表证

武开章纪念亭后记

武开章同志是人民的功臣,也是我们学习的光辉典范。建亭树碑既为彰著其革命功绩,也为启迪后人。泥河沟村党支部、村委会组织群众为武开章同志建亭刻石,表达了乡里众父老乡亲的心愿。纪念亭于二零零一年农历五月破土动工,历时二百六十天,二零零二年二月纪念亭及沿亭道路建设全面竣工。武开章纪念亭屹然特立于泥河沟村的北山之巅,它将因铭记武开章同志的光辉业绩而千古永存。

领导:武世峰 武国雄

承办:武买保 武治洲

设计:高治耀

木工:武毛平

丹青:屈恩信

瓦工:马虎虎 高春孝

撰文:武南耀

书丹:刘伯英

镌石:刘富强

佳县朱家坬乡泥河沟村全体公民立石

公元二零零四年四月五日

2002年农历二月二十一日,村里举办了隆重的落成典礼,市、县、镇的领导都前来参加,并且邀请了榆林地区文工团在纪念亭附近搭台唱了三天大戏。锣鼓喧闹、鼓乐齐鸣,这是村里久违的热闹场面。虽然没有方便的通信设施,山上山下联系全靠吼,但是消息却传得比电话都快。举行典礼时,原本900多人的小村庄里,却容纳了两三千人,可谓是人山人海。吃饭成了的"流水线",人们一拨接着一拨地吃刚出锅的饸饹面。到了晚上,村民家里住满了远道而来的亲朋好友,共同分享着这一天的喜悦。如今,矗立在山巅的开章亭已经泥河沟村里的地标性建筑。

(文/王嘉雪)

开章亭内的武开章纪念碑,镌刻着这位革命家的生平事迹,碑文由武开章夫人温桂亭撰于1987年11月19日。 摄影◎李攀

晚霞中的北山,开章亭静静守护着村庄。 摄影◎计云

七、激情岁月

❖ 生产队 ❖

"前滩后川枣树林，南北两山遍柴薪，车会沟里花果红，曲路两头树成荫；湾塌坡峁梯田化，机器耕种收锄打，小沟养鱼蓄水坝，集体生活大变化。"这是"农业学大寨"时期大队书记武国雄为泥河沟畅想的美好愿景。当年全村人劳动过后一起休息时就配上曲子，唱这首描绘村庄新变化的歌。

人民公社时期，除了需要上学的学生外，人人都要参与集体劳动。为提高生产效率，武国雄组织村民"白天大干，晚上夜战"，在7个生产小队的基础上抽调人员成立专业队，由红色娘子军、铁姑娘战斗队、青年突击队和老愚公战斗队组成。如今虽然无法听到当年劳动时的号子声，无法跟上昔日上山队伍矫健步伐，但这段令人刻骨铭心的激情岁月却是一个时代的缩影，是泥河沟历史中挥之不去的记忆。

人民公社初期，泥河沟村分为14个生产队组织集体生产。1970年暴雨成灾，并引发一场特大洪水，村中迁移100多人，仅剩500余人。次年由于劳动力过少，村里将原有的14个小队两两合并为7个小队。1976年，二队拆分入并其他小队，7个小队调整为6个小队。1980年，由于人数增多，每个小队内部分为3个专业组，共有18个专业组。在集体化时期，农业生产由大队干部安排。队员进行生产劳动时，队干根据上工时间和工作状态评分。每人每天满分为10分，早饭前工作挣2分，早饭和午饭之间工作挣4分，午饭和晚饭之间工作挣4分，最后收获的粮食根据获得工分的多少进行分配。据担任妇女主任的郭宁过（1937年生）回忆，她每天早上都会准时用村里的喇叭喊"通知妇女们，上工起身啦"。队员们便陆陆续续从家出发到指定地点集合。大队队干也会到上工不积极的队员家门口敲锣打镲、扒门

生产大队	生产队	粮田面积			中		小计	其中薯类折粮	饲料	公购粮	口粮		其中薯类折粮
		亩数	亩产	总产	薯类	折粮					小计	争	
泥河沟	1	45	41	1825	120	210	20		300	1315	355		100
	2		51	2288	120	260	20		350	1688	468		100
	3		70	3168	400	240	15		250	2609	663		385
	4		49	2187	400	240	15		300	1633	334		385
	5		46	2100	150	260	20		280	1560	48		130
	6		38	2603	150	248	20		300	2070	526		130
	7		47	2134	184	150	15		300	1684	366		175
	8		59	2687	184	240	15		300	2167	503		179
	9		53	2368	202	216	30		300	1852	36		172
	10		53	1489	202	150	15		300	1176	326		127
	11		56	2515	537	191	15		300	2024	47		522
	12		69	3057	537	288	30		300	2469	444		507
	13		56	2540	300	240	30		240	2060	373		270
	14		55	2399	300	230	15		240	1845	493		285
合计		630	53	33363	3213	3213	275			26269	4588		3531

1971年泥河沟生产大队粮食收入分配统计表

吹号，催促他们出发。有人如果迟到或不去，队上就会酌情扣分。妇女因为在家负责照顾娃娃和做饭，一般挣不到早饭前上工的两分。

在田间地头劳动时，由小队长指挥。小队长是从队里积极参与生产、劳动踏实肯干的队员中选拔出来的，他们的任务是安排队员工作、督促队员劳动。武继龙（1947年生）1964年当上第二生产队队长，每天早出晚归，比普通队员付出了更多辛劳。他在组织生产上有自己的一套方法，不同于强制说教，而是依靠制度来调动大家的积极性。他通常在前一天晚上给队员分配好工作，第二天不需要集合，直接到地里劳作。为确保完成工作，队员一般不会懈怠。但对于在劳动中经常偷懒的人，他会通过扣工分来维持公平。由于生产出来的粮食实行小队内部分配，所以粮食产量不但直接关系到小队成员的生活，还是评定小队长工作优劣的标准。每个小队在山上都有要负责的土地，但山地贫瘠，需要上粪才能维持肥力。山高路远，靠人担粪费时费力，很难送到更远的地方。武继龙为了提高生产效率，组织队员在山上搭了几孔窑来养羊，想就地利用羊粪作为肥料。他们每年春天赶羊上山，冬天天气寒冷就将羊赶回村中。有的小队成员并不配合，不想出额外的力气垒羊圈。但事实证明武继龙的做法是正确的，不单节省了人力，还使山上的土地慢慢有了"劲儿"，产出的粮食最多时能比其他小队一亩多出七八十斤。

如今集体组织虽已不在，但生产劳动仍在继续。相同的作息，相似的身影，日复一日，年复一年，只不过是岁月催熟了稚嫩的孩童，爬上了青年的脸庞，压弯了壮年的脊梁。

（文／韩泽东）

养羊是泥河沟村民重要的副业,如今生产队虽已解散,但牧羊者的劳作一如往昔。 摄影◎贾玥

专业队

红色娘子军和铁姑娘战斗队汇集了生产队中得分最高、劳动最好的女性，已婚妇女组成红色娘子军，未出嫁的姑娘组成铁姑娘战斗队。老愚公战斗队都是耕地有经验，却因为年龄太大不适宜去山上劳动的男劳力。青年突击队则是每个小队中年纪较轻的小伙，被派到专业队中由大队干部进行安排。村中因年老而不能参加重体力劳动的妇女，承担照看孩子和捡羊粪的工作。当耕作任务繁重时，大队会将专业队队员重新调回各个小队帮助生产，保证劳动力的供给。

生产队中大都是精壮的男劳力，负责山地。因此，专业队所负责的七八百亩黄河滩地更多的是依靠抽选出来的优秀女劳力和年轻男劳力。这一时期，铁姑娘战斗队的成员有高根英、武聪明、武正芳、武巧梅、武翠兰、武胡亥、武东旺、武兰兰、武巧秀、武孝平、武翻巧、武青连、武女则、武奶巧、武海毛、武朝则、武埃存、武瑞平、武巧兰、武春梅、武翻孝、武女女、武毛女、武友孝、武孝心等，青年突击队成员有武耀增、武国枝、武小林、武引贺、武青生、武存耀、武花生、武德朝、武明则、武爱耀、武谋勇、武增耀、武成孝、武占和、武加瑞、贺引项、武友耀、武毛仁、武埃则、武智慧、武孝生、武学宝、武奴则、武平则等。武治春是专业队的队长，也就是4个队的总领导，负责队里的管理工作。专业队由集体分配工作，每天用喇叭通知各队劳动。4个队的工作内容会根据实际情况来分配，年纪轻的安排重活儿，年纪大的安排较轻的活儿。为调动队员的积极性，大队给表现突出的个人颁奖。铁姑娘战斗队队员高根英（1955年生）还记得当时大家聚集在六孔窑开会，由大队书记宣读获奖名单。当大队书记念到自己的名字时，高根英又惊又喜，连忙起身上台领奖，得到了一条毛巾。

(泥河沟大队) 青年突击队铁姑娘战斗队工分

姓名	育	育胃	姓名	育	育胃
武侯鬼	32	74	武小杰	32	
武小林	32	16	武福寿	4	
武春任	32	20	铁姑娘担月工分		
铁义田 24	32		武妈巧	4	铁姑娘指算介
武无仁	32	8	武怡光	8	么栈 14岁
武加萍	26	8	武东旺	4	
贺司妹	20	8	武巧兰	4	
武成苦	24		武晴干	4	
武荣明	32		高根美	4	
武青任	20	12	武秋明	4	
武石兜	20	8	武青田	4	
武石栏	32	44	武七则	4	张武那小 8高文 宫大
武智贵	32		武俊芳	4	
武峻彪		72	武刘则	4	16了
武花儿	32	68	武利枝	4	
武福钢	32		武青莲	4	72闫 叶矢 判日
武治财	32	84	武石苦	4	
武妈刚	32	16	武无女	4	
武四刚	8		武老思	20	
武爱龙	20	8			
武耳刚	28	24			
合计	568	562		128	

青年突击队铁姑娘战斗队工分统计表

那时候，没有农业机械，都是牛犁地。农忙的时候，专业队会把各队的牛集中起来犁河滩地。栽种的第一茬是春小米，等到小米快成熟时，在小米每陇中间的空地上种玉米。小米一收，草一除，玉米就等着收获了。除了粮食，泥河沟人还会在滩地上种洋芋（土豆）、茄子、辣椒、西红柿、西葫芦、南瓜等蔬菜。每年芒种之后，专业队会抽选青年突击队和铁姑娘战斗队的年轻队员坐船到对岸开垦荒地。与耕种黄河滩地相比，开垦荒地并非主要工作，只有空闲时间才去。开荒任务较重时，这些年轻人还会借宿在对面狼尾峁村的废旧窑洞里。河对岸主要种谷子、糜子和荞麦，收获的粮食用船拉回村子。武占格记得当年在黄河滩地耕种完之后，天刚下过雨就要开着船去山西犁地、撒种，再用镢头把土地整平。稍稍下一点雨，糜子就能冒出芽。周围山上的人看到泥河沟人还会打趣地说："咱再给泥河沟耕个地，让他们吃上。"就是说泥河沟粮食产量少，生活靠供应。武占格说那阵子人多地少，大家看见地就去锄，为的就是收获更多粮食，过上好日子。专业队在黄河滩地和山西开荒所收获的粮食，最后都均分到各个生产小队。，专业队队员也回到自己原来小队分粮。对岸山西的地，很早以前就归属泥河沟村，但随着渡口的消失、船运的没落，如今已不再耕种。

黄河滩地虽然是依靠淤积而成的肥沃土地，但一直受黄河发水的威胁。村里为抵抗水患，发动男女老少共同参与兴修水利。因种粮为先，男劳力大多被分配到田地干农活，所以运石头的重任就落到了妇女身上。红色娘子军成员除了繁重的集体劳动之外，还要管理家务、照顾孩子，身上担子较重。修坝时，石工队从山上打下来的石头都是由妇女运走的。几个人负责在山下把石头扶上板车（当地叫拉拉车）。装石头很危险，一不小心就会被大石头砸到脚。运石头时，两个妇女在前边拉着，一个妇女从后边推着，一车能拉将近300斤的大石块。很多拉拉车到不了的地方，全靠妇女背上去。干工程时，受伤是常事。王春英（1943年生）当年背石头时留下的伤，现在干重活时仍隐隐作痛。在没有拉拉车的年代，人们只能把黄河边的芦草根拧成绳子，再把石头绑在背上。石头很容易将衣服磨破。家庭条件好一点的可以在背上垫一块毯子，家庭条件差的只能直接背了。一天下来，肩

高根英曾是铁姑娘战斗队的一员。　摄影◎侯玉峰

王春英当年背石头时留下的伤，现在干重活时仍会隐隐作痛。
摄影◎侯玉峰

上和背上都会被石头的棱角磨出伤口。往往是旧伤未愈,第二天还要继续背。按郭宁过的话说就是:"看背上的肉厚不厚,稍微不行就把肉弄裂了。"

修坝的工作一直持续,只有快过年的时候才能够休息几天。王春英还记得当年寒冷的冬天,每天干活时,汗水都会将棉袄浸湿,回家以后衣服都变馊了。但是冬天里,这唯一的棉衣还要一直穿下去。红色娘子军里的人都是有几个孩子的母亲,其中有人还在养育嗷嗷待哺的婴儿。当时因为没有老人帮忙照看孩子,王春英只能将孩子背到干活的地方。孩子睡着的时候放到旁边地上,睡醒后若哭喊,就再背到身上。"手把车车推,身把娃娃背"就是当时最真实的写照。大队还因此对王春英进行了表扬。妇女生完孩子休息一个月左右,就又要开始干繁重的体力活。由于每天都要外出劳作,她们不得不把刚会爬的孩子用带子拴在炕上,用枕头和被子围起来。王春英每天背完石头回到家中,孩子们都会围在她身边哭喊着要吃饭。为了让他们不哭,她就只能使劲打。打在孩子身上,疼在父母心里。父母都知道娃娃们很可怜,但没有办法。妇女还需要给孩子缝衣裳、做鞋子。每当夜深人静的时候,家人都已进入梦乡,她们却不顾白天劳累,在昏暗的灯光下,一针一线缝出对子女的深情。

村民为了村里的水利工程付出了太多,但在凶猛的黄河水面前,人类终究是脆弱的。1976年农历七月初七,一场意想不到的大洪水将黄河滩地摧毁殆尽,所有的辛苦付之东流。因为集体土地被破坏,专业队便重新回归各小队。河滩地被摧毁,枣树林被推走,顺水坝化为泡影,但是它们真的就消失了么?没有。它们一直藏在老人饱经风霜而变形的手指中、被巨石压弯却不屈的背影中和看尽世间百态却坚定从容的眼神中。能让他们不顾伤痛与饥饿而坚持下去的,是对美好生活的希冀,以及对后辈幸福的执着。再苦再累,泥河沟人都咬牙挺过来了。为村庄建设所做的牺牲,因繁重工作而留下的伤痛,是时代雕刻在村民心中的印记。

(文 / 韩泽东)

武占格当年曾和青年突击队的战友们一起到黄河对岸山西境内开垦荒地。 摄影◎侯玉峰

武小林曾是青年突击队的骨干队员。 摄影◎侯玉峰

石工队

石工队因工而组,随队而动,在不同时期分别修建了顺水坝、顶水坝、倒虹、"闷咕噜"等工程。除此之外,六孔窑小学和十一孔窑小学也是由武子勤和武忠兴分别带领石工队修建的。石工队由村中各生产小队中有力气的男劳力根据工程情况临时组成,成员有武冬旺、武忠先、武子金、高治才、武孝孝、高治亮、武子庆、武国树、武方强、武马耀、武国勋、武有苗、武占鲁、武占和、武忠心、武花生、武有杰等。村里忙工程时,会将石匠全部抽调走。如果有生产小队没有石匠或者人数不够,则要抽调其他劳力共同组成石工队。当年的石匠武子勤说,早年为了修建拦河坝和顺水坝,所有的村民都从外面赶了回来。武子勤的手艺好,在外面能挣不少钱,但村里面为了保护枣林,硬生生地把他从外地叫了回来。那时候,他在工地上主要负责打磨石头,把石头堆叠在一起。虽然村里不给一分钱,但他依然兢兢业业地做事。石工队由队干指挥干活。修建工程时,每日三出工,记工分标准同生产队相同。大工为石匠,负责破石头;小工里的女性通常负责和水泥、送石头;其他男性负责在坝上砌石头。村里有手艺的人贡献手艺,没手艺的人贡献体力。石工队里的成员都是跟随有经验的老师傅学习打石头的技术,但老师傅不会直接教授。年轻石匠都是在实践的过程中不断观察摸索,逐渐学会的。打石头一般是用铁钎子顺着石山原有的缝隙,用手锤把大石块的一面凿出一个细缝,插上手窝子,再上老锤(八瓣锤)来打。大师傅负责看着石缝,小师傅就用老锤来砸。凿完左、下、右三面,再用铁棍把大石头撬下来。如果人工凿不开,就在石崖上的缝隙中插入炸药,把整块石头炸下来。老锤十八九斤,每次挥动都特别吃力。武光勤(1942

泥河沟大队石工队工分登记册

年生）说，当时吃不饱饭，没力气抡锤，能坚持下来全靠人的精神，国家号召向黄河要地要枣树，叫黄河还地还枣树，再苦再累也愿意，想着"有土地有树才能养育人"，也就有了力量。

沿车会沟蜿蜒而行，看漫山枣林在泥河沟人的务育下郁郁葱葱；顺黄河滩放眼望去，看川地在世代呵护中迸发出勃勃生机；立残存水坝之旁，轻抚浸染泥河沟人血汗的无数块石。岁月将历史的厚重镌刻在村庄的每一寸土地上，留下的痕迹成了一代人的勋章。

（文 / 韩泽东）

八、输水拦洪

闷咕噜与倒虹

闷咕噜和倒虹（村民称"道洪"）都是泥河沟村石工队在20世纪70年代为村里修建的农田灌溉水利设施。闷咕噜也叫漫水墙、漫水桥，修建在河道中间，通过提高水位为地势较高的田地供水，也解决了在当时的技术条件下无法给水泵供电的难题。倒虹的原理类似U形管或连通器，将水从地势高的位置运输到地势低的位置，解决农地灌溉问题。

在20世纪60年代之前，泥河沟村主要依靠两个简易的水坝调节车会沟的水位和流量。因为它们的建设材料主要是泥浆和石头，所以结构比较脆弱，当车会沟发大水时就会被冲垮，仅在水量不大时起到防护作用。它们分布在现在后河上闷咕噜位置的上游和下游。靠上游的水坝沟通后河上和前川（河滩）的水道，靠下游的水坝服务古枣园的水利灌溉。它们现在已不复存在，其功能已被后来修建的倒虹替代。

20世纪60年代，车会沟石人墕区段发生过山体塌方，阻断了车会沟从上游流下来的水，使泥河沟村前川的枣园无法获得灌溉水源。1965年前后，泥河沟村修建了第一座倒虹，位于古枣园至银象山间。由此，古枣园和前川的灌溉水道连接起来，前川片区因塌方得不到水源补给的问题最终得到解决。

1976年7月，村中两座水坝再次被车会沟的大水冲毁。时任大队长的武国树成立泥河沟村石工队，主持修建闷咕噜和第二座倒虹。闷咕噜位于后河上、车会沟拐弯处的上游。它由一座水泥坝体和一个较大的蓄水池构成。它的建成使人们能够更好地调控车会沟河水的流量，不仅能够削弱洪峰，还能

1976年开始修建的农田水利工程"闷咕噜",又称漫水墙、漫水桥,位于后河上、车会沟拐弯处的上游,由一座水泥坝和一个较大的蓄水池构成。 摄影◎贾玥

通过蓄水池弥补车会沟枯水期水量的不足，使车会沟下游地区的后河上、寨则上、古枣园、湾崖地和前川等地获得较为稳定的灌溉水源。

当时村里总共有 7 个生产队，每个生产队长指派规定数量的队员参加劳动，主要负责挖地基、运石头、砌墙等工作。石工队单独由大队书记武国雄指挥，专门负责在村周围的山上用铁棒撬石头，再用锤子把石头打成指定尺寸样式。

各小队派的村民在选址上挖地基，等地基挖好之后还要加固。因为技术上的局限，当年修建过程中抽水是一个大问题。村民们充分发挥吃苦精神，运用人力抽水，将水舀在大铁盆或铁桶里。等水排干后，地基表面就会有一层稀泥。村民用铁棍伸下去探看稀泥的深度，在稀泥层浅薄的位置投放大石头，再上去用脚踩，待它下沉后把稀泥挤上来。如此几番之后，地基的空隙被石头填补，地基被踩得非常结实。而后，村民们在地基上砌墙，将闷咕噜修建成了具有一定高度的引水设施，供村里各种农作物灌溉使用。闷咕噜修好之后，由于储水性能良好，还成了村中小孩子戏水、游泳的去处。村中游泳好手都曾在闷咕噜进行了入门试练和技艺提升。

同年修建的倒虹位于后河上至寨则上之间，将后河上的后村灌溉水系与寨则上的前村灌溉体系连接起来，兼顾前川片区的灌溉，使村庄灌溉水利系统最终连为一体。此外，在湾崖地还有一个简易的倒虹，将因道路阻隔的两片区域灌溉水系连接起来，使金狮山下的滩地也可以得到灌溉水源。

由于 20 世纪 70 年代的技术水平有限，只能制造出允许小孩爬进去的管道。因此，管道"抹缝"（即将两节管道之间的空隙弥合起来以防漏水）的工作就落在了村里的孩子头上了。两个小孩从倒虹的两侧推着一大盆水泥爬进去给管道"抹缝"。每糊一盆水泥，小孩子就能吃到一个"糖馍馍"。这也成为村中很多"70 后"的童年记忆。

（文 / 李禾尧）

金狮山下的车会沟河堤 摄影◎李攀

◈ 顺水坝与拦河坝 ◈

丁字坝也叫拦河坝,与顺水坝一样都修建在黄河外侧的浅河滩上。丁字坝用来"磨地"(沉积黄河里的泥沙,形成滩地),而顺水坝用来"保地"(保护农田免受黄河洪水的危害)。作为防洪设施,它们在保护泥河沟的农田免受洪水侵害方面发挥了重要的作用。

1970年,黄河发生了一场较大的水灾,对沿岸的许多村庄都造成了破坏性影响。国家由此提出"征服黄河"的口号,下决心指导解决黄河水患问题。第二年(1971年),泥河沟村在前岔上修建了第一个顶水坝,使用的材料是铁丝和石头,即用铁丝将石头网住,堆成水坝的主体部分,再用泥土填补空缺的部分。这个顶水坝的修建使黄河水在拐弯处改变了流向,从而削减了河水对河岸农田的侵蚀,同时可以沉积黄河里的泥沙,在水坝后侧形成滩地,用来种植作物。顶水坝在防范黄河洪水方面提供了基础性保障,保护了石碛上的大片枣林以及村内住宅与林地。

1972~1975年,全村村民齐上阵,修建了从石碛上到高台川长达三公里的顺水坝。完工后,坝长150米,坝底宽10米,封顶宽5米,平均高10米。水坝沿着黄河河岸从北向南延伸,近百亩前川枣树地有了安全保障,并淤漫出沙川地100多亩,还保护村前的滩地及枣林免受洪水侵袭。顺水坝的建筑材料与此前的顶水坝相同,是使用铁丝将石头网起来堆筑起水坝的主体部分。1976年农历七月初七,即当年的立秋日,黄河发生了一次较大的洪水灾害,持续两小时的洪峰将村民几年来的血汗冲毁殆尽,仅一段用白灰涂抹的坝体存留了下来。这年秋天,村民们在武国树的领导下,开始在石碛上修建泥河沟村的第二座顶水坝。

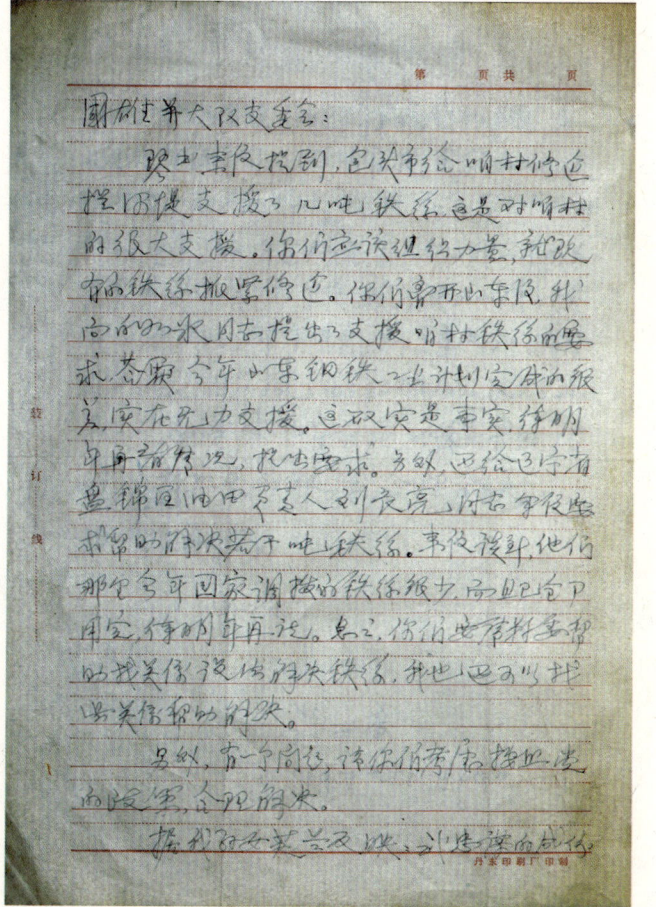
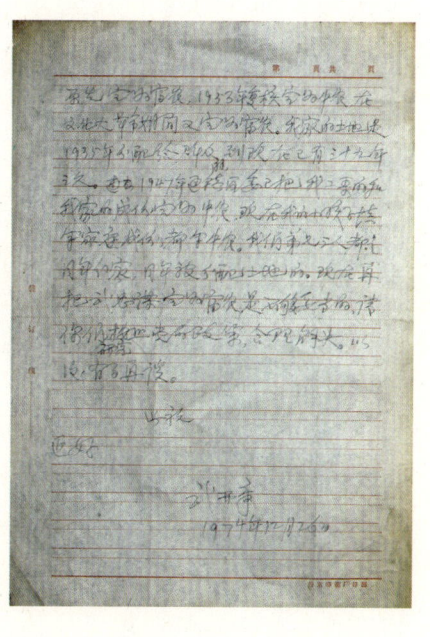

武开章关于村里兴修水利请求支援的回信（1974年12月26日） 翻拍◎侯玉峰

1976～1977年，村民进行水坝主体部分的修建。当时，村里的石工队负责在山上打石头。红色娘子军和铁姑娘战斗队的队员3人一组，1人在中间拉，2人在后面推，用拉拉车往工地运送石头。参加劳动的村民每天早上8点上工，晚上8点下工。有时候做家务的妇女来不及抹掉手上的面粉就赶到工地上劳动。村里的所有劳动力都被调动起来参与工程修建。因为每个人赚的工分都是小分，所以几乎可以视为义务劳动。修建的过程中，村民们在工地上吃饭，将炒面和酸菜放在一起，用水做成糊状的食物吃。五六月的时候，每天中午有休息时间，过了八月就没有午休时间了，工期始终比较紧张。

1978年夏天，水坝建设得到朱家坬公社的援助。从邻近几个村选出的二三十名强壮能干的劳力加入泥河沟村的水坝修建中，从而加快了修建的速度。当年夏末，位于石碛上的顶水坝最终完工。

1987年，黄河又发生了一次大水，位于石碛上的顶水坝的地基被冲垮了。时任村长的武海瑞领导全村村民，进行补修顶水坝的工作，使其可以继续守护泥河百姓与枣园。1989年夏，当洪水水位高出正常水位6米多时，顺水坝底部的地基被洪水冲毁，坝体有被冲垮的风险。1991年3月，泥河沟村上报佳县水利水保局，并制定《泥河沟村黄河顺水坝修复施工计划》，由顺水坝施工领导小组牵头，组织全村村民对顺水坝进行补修。这次补修后的水坝至今屹立在前川地上，守卫着古老的枣园与静谧的村落。

（文/李禾尧）

1972 至 1975 年间建成的前川顺水坝，1976 年大水后仅剩一段用白灰涂抹过的坝体。　摄影◎武雄

顺水坝护卫着河滩地上的枣林与菜地。　摄影◎武雄

九、渡无寻处

宁河口渡

泥河沟村自古被叫作"汊道",陆路交通闭塞,因此主要依赖水运。村口的黄河渡口叫"宁河口渡"或"宁河口",村里人则称之为"泥河沟渡口"。自然形成的河滩,连接着青草地和嶙峋的石山。许多木船停靠在河滩上,并用木桩拴住,这就是宁河口通船货运时的样子。"宁河口"不仅指渡口,还指环村而过的车会河汇进黄河的入口。清乾隆二十九年(1764年)《葭州志》记载:"宁河源出州北九十里马家沟,东流十五里经古宁河寨。南,又东南流四十里,至宁河口入黄河。宁河口渡,在州北四十里黄河上。"因为是自然渡口,所以最早使用的年代不好追溯。若泥河沟老人所述的"宁河口"就是史籍中的"宁河口渡",那么它的历史至少要追溯到嘉庆之前。而根据佛堂寺的传说,这个古老的渡口可能已陪伴小村近千年。宋代修建佛堂寺开凿石料时,匠人所吃的盐和开采的石料都是通过船运而来的。根据传说,那些船只就可以装载两万斤的货物,有可能就停泊在宁河口。

在陆路运输不发达的年代,村落之间商贸物资的交换和情感的交流都要通过黄河上的渡口来完成。仅仅佳县境内,就有许多村落依赖船运与外部连接。根据各时期县志上各村的渡口分布,可以看出以往河运的重要性以及地区交流的繁盛景象。佳县地方志编纂委员会编《佳县志》记载:"清嘉庆年间(1796～1820年),境内黄河沿岸有渡口6处,即大会坪、桃花渡、木头峪、荷叶坪、关沟、螅蜊峪。1959年经县政府批准,增设泥河沟、南河底、谭家坪、王宁山、柳树占、张家岩、龙王庙、新硕口8个渡口。……至2005年,佳县有渡口12处(均系天然渡口,无建筑设施),由北向南依次为:泥河沟、大会坪、南河底、谭家坪、木头峪、叶子坪、张家岩、关沟、荷叶坪、龙王庙、

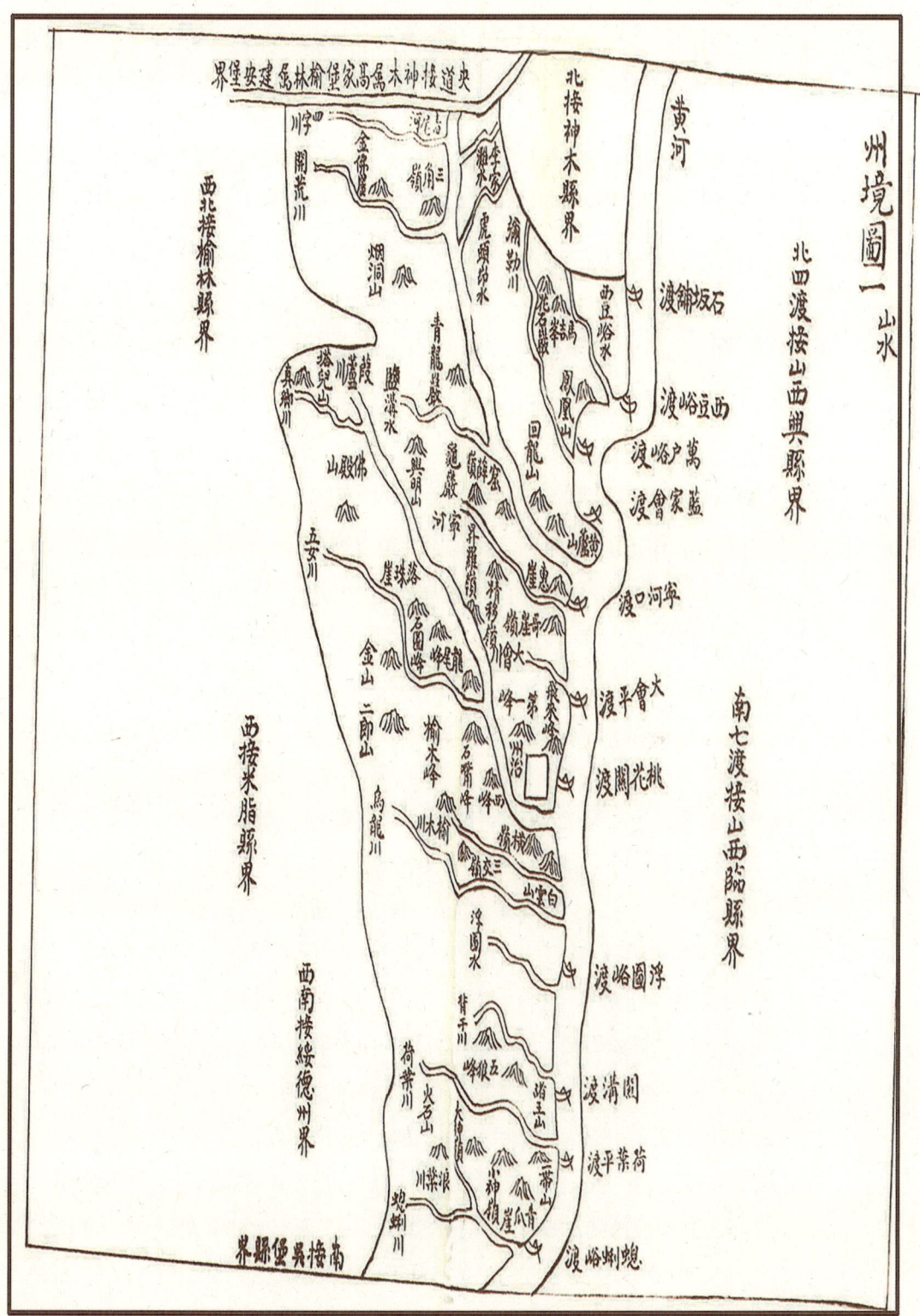

乾隆二十九年（1764年）葭州（今佳县）州境图，其上绘有详尽的黄河沿岸渡口分布情形。

碛头、螅镇。"正是因为泥河沟村紧邻渡口这一得天独厚的地理优势,村民自称"街镇码头的人",而把桑塬以上村子的人叫作"乡里人"。作为回应,外边的人又把泥河沟人称作"春河石蛋",说他们圆滑。通过渡口,泥河沟的武氏家族与对岸山西的村落结成了姻亲。商贸也凭借河运发展起来,上至神木、府谷、包头等地,下到河南等地。在没有大众传媒的时代,这个范围内的村落共同分享地域内的特产,泥河沟的大枣正是在这个范围内享誉盛名。

对于泥河沟来说,河对岸最重要的渡口是山西省临县的虎石旮旯,关系最密切的集镇是第八堡。当年,泥河沟村民只需顺流而下 7 公里就能到达第八堡。如今河运已被陆运取代,村民再去第八堡需驱车沿河向下游经佳县黄河大桥重新逆流而上,全程约 32.8 公里,50 分钟左右的车程。由于地理位置上邻近,泥河沟与第八堡不论在亲缘上还是经济上都有紧密的联系。武岳林(1944 年生)讲述的一件家族纷争,就证明了两个村子很早就有通婚的关系。因为宁河口对面是晋地,泥河沟这里是秦地,所以对于这些姻缘,老人将其称为秦晋之好。据说,泥河沟村的高姓一支,是武氏家族第 6 代祖先的外甥,他们原本是黄河对面第八堡人。那时候,高家人在山西家大业大,但是兄弟之间为了争夺家产发生了内斗,互相欺侮。而武家第 6 代祖先文才武功都出类拔萃,于是他带一行人去山西为自己的外甥撑腰。两家发生争执,意外之下,武家人打断了高家一个人的腿。高家人一纸诉状将武家告到山西的县衙里。县衙派官差到武家抓人,岂料武家人在情急之下又打死一个人,由此深陷官司漩涡。这场官司打了三年,武家花费无数,高家也消耗殆尽。由于出了这样的事情,武家担忧外甥在山西继续受欺负,就把他们这支带回了泥河沟村。即便隔着黄河,这边的武家也可以知晓外甥家的内斗,而山西的县衙也可以到对岸村落进行管理和追究责任,由此泥河沟和第八堡关系的紧密性可见一斑。这个故事不仅透露出两岸的亲属关系,还隐含一种紧张的对立情绪:既有经济上的差距——山西高家"家大业大",也有文化上的差距——武家祖先"文才武功都出类拔萃"。这个故事给后人的交往

冬日的泥河沟古渡口遗址　摄影◎贾玥

方式以很大的启发，就如武岳林所说："这都是娘家人出头惹的祸。"

泥河沟与第八堡关系紧密，既因为地域上的紧邻，也因为经济上的互补。河东、河西经济交流的频繁，甚至体现在两岸土地所有权超越河界的划分上。山西的土地比较多，价格便宜，且适宜种植粮食，而泥河沟的土地多为山地，难以耕种。所以在新中国成立之前，泥河沟村民在山西买了几百亩地进行开垦。有了土地就要过去亲自耕种，而种田要看天气、抢时间，这样密集的往返显然不适合通过船运。毕竟出船要动用五六个纤夫，运载三四个农民和简单工具到对岸并不划算，并且船也只能赶在三、六、九日出航，不能按照农时灵活安排。于是，他们想出了用羊皮做成小筏子代替木船漂流过河的方法。如果只有一个人出行，就干脆背上几个葫芦漂浮过河。即便冒着生命危险，耗费如此多的体力，村民也要维护土地。这说明泥河沟的耕地紧张，村民想要收获粮食的愿望强烈。这也从一个侧面证明了泥河沟对山西耕地的强烈依赖。

第八堡有一个规模较大的集市，在没有黄河大桥的年月里，它能给泥河沟村民提供多种多样的生活必需品。每逢三、逢八，村民就带上口袋到第八堡赶集，买回粮食、煤炭、水缸、锅碗瓢盆等生活物资，而不赶集的人也会请赶集的邻人亲戚稍些物品回来。武永存（1976年生）直到现在还记得那时的人间美味——月饼。在他12岁的时候，武耀增从集市上买回几块月饼，武小斌（1982年生）则将父亲带回的美食分给了武永存一点。从此，武永存便对月饼的味道念念不忘。那时候，月饼两毛五分钱一个，很久才能吃到一次。直到现在，每当回忆起月饼的美味，他就会想起往事。

随着时间的流逝，伴随陆运交通的发展，船运逐渐没落。泥河沟从交通枢纽中心变为偏僻难行、被人遗忘的小村庄。曾经渡口的繁忙已不复存在，但"街镇码头"人的骄傲却融于泥河沟的文化血液里，深藏于一代代村民的记忆中。

（文／关瑶 李妍颖）

黄河对岸即山西地界　摄影◎于哲

从佳县香炉寺俯瞰佳临黄河大桥　摄影◎李攀

◈ 艄公和纤夫 ◈

艄公与纤夫是渡口往事最好的见证者。黄河的纤夫,这一已经消失的职业,仍被许多文学艺术作品传颂着。比如著名的陕北民歌《黄河船夫曲》,其创作者和演唱者李思命就是佳县螅镇荷叶坪村人。这些作品不仅赞扬了纤夫的力与美,也将他们视为坚强勇敢、不屈不挠民族精神的代表。如今,泥河沟的老纤夫与老艄公大多已年逾七旬。对于他们而言,渡口不仅仅是骄傲的资本,更与他们的过往生活息息相关。

渡口的船只分长船和渡口船两种。长船负责运载货物,主要从上游的府谷向泥河沟运送煤炭、篓头和化肥,有时也向下游吴堡等地的供销社运送枣。渡口船负责摆渡行人,平日里可自由选择出行时间和目的地,但每逢集市和庙会,必须按时等候赶集或赶会的人。至于船费,村里人喜欢给点粮食,如果有钱,就交个5毛或者1块。

出船的日子是有讲究的,只有逢三、六、九,才可以出船运送货物。哪怕航程很短,也不可以破坏规矩。农历六月初六是河神的生日,这一天是绝不能出船的。传说只要这一天出船,就会被河神收走。这一天一般也不能动水,连手都不能洗,更不会让小孩去黄河边玩耍。每次出船前,艄公和纤夫一定会去河神庙拜河神,祈祷出船平安顺利。到了正月,他们就会在河神庙前唱秧歌,回馈神明的护佑。

顺利航行不是一件简单的事情,需要艄公与纤夫默契配合。艄公负责指挥,纤夫则根据艄公的指挥调整船的方向。艄公是一艘船上最关键的人物,一船人的生命安全都掌握在他的手中,因此只有技术特别好的人才能胜任。

武占都：泥河沟的"艄公第一人" 摄影◎侯玉峰

武占都（1940年生）是村中公认的艄公第一人。纤夫一般由各村的精壮劳力组成。武子勤（1933年生）原本是在米脂学徒出师的石匠，身强力壮，手艺精湛，30多岁时由大队安排，成为泥河沟渡口的纤夫。拉船的时候，纤夫要一同喊号子，保证同时用力，每个人手拉肩扛，弓着身子埋着头一步步前行。船头与水的方向要一致，这样船才能顺利前进。拉纤每天能挣10工分，但这10个仅够糊口的工分背后却满是艰辛。

夜晚，船上货物的老板会到店里或者亲戚熟人家过夜，艄公和纤夫则都住在船上。他们用四五根绳子把船拴在渡口的木桩上，以免风浪侵袭。饿了，就舀黄河水生火煮饭；困了，就放上床板，铺上铺盖倒头便睡。在到达目的地靠岸后，船员们经常会去集市给妻小捎几件衣服和一些糖与馍馍。

艄公和纤夫的工作充满危险，航行中随时可能发生意外。船若不小心碰到石头破了洞，他们就要把船里的水及时往外掏，然后用麻绳堵住洞口。这都是常常发生的事情。对于20世纪70年代的一次船难，武子勤的印象最深。这一天，他从上游往回运煤炭，可水流过急，无法控制船速，结果撞到石头，连人带货掉进了河里，货物、被褥都被河水冲走，他"只捞得一条命，还有一本账"回到村里。据武子勤说，不止是他经历过船难，其他纤夫也经常遭遇类似的危险。他们在石崖上走的小路只能容下一只脚，道路非常难走，掌握不好平衡就很容易掉下来。掉在水中算是幸运的，仗着水性好，还可以游上岸；如果不慎掉到石崖上，后果就不堪想象了。每年都有纤夫因此而断胳膊、断腿，村集体会给他们一些生活补贴，来帮助他们熬过伤病。当遇到更大的船难时，整船人的生命安全都会受到威胁。

如今，渡口已然不见，艄公与纤夫也销声匿迹，只有黄河之水奔流不息，仿佛依然诉说着悠悠往事。

（文／关瑶　李妍颖）

武子勤 曾经的黄河纤夫和石匠　摄影◎侯玉峰

1976 年船难

据《佳县志》记载,1954～1995 年,佳县境内发生的重大航运事故有 8 起,遇难及失踪 200 多人。令泥河沟全村人刻骨铭心的,是 1976 年那场惊心动魄的翻船事件。

那年的农历七月初七,黄河咆哮着将泥河沟的滩地冲得一干二净,村民一年的辛苦劳作顿时化为乌有。洪水过后,全村物资匮乏,需要大量的牲口和粮食,但无奈船被洪水卷走,村民只得等待。闰八月的初一,村里买回一条大船。为了填补灾害造成的粮食空缺,村里决定每天开船运送村民去第八堡赶集。

八月初五这天,泥河沟村和附近村的 100 多人照例坐船去赶集。回来的时候,船上有 100 多只羊,还有 32000 来斤粮食。人们都坐到船上以后,泥河沟村的武治江和武世运在滩上负责拉绳。可是船上连人带粮、羊有十几吨,两个人根本拉不动,结果船就慢慢地溜了。船在湍急的水面上不断摇晃,全船的人都不知道该如何是好。船继续不受控制地向前行进,没走几丈远便听"砰"的一声。船体与石头碰撞发出剧烈声响,伴随着不断涌进船内的河水。在正常情况下,只要里面的人把水往外舀就可以了。但当时船碰到了大石头,船底瞬间被戳透,船中进了很多水。

随着豁口越来越大,船开始慢慢下沉。船上乱作一团,人们纷纷选择跳出,有的往河里跳,有的往大石头上跳。大家拼命挣扎,不会游泳的人在情急之下纷纷抓住水性好的人。武子勤说,当时死的很大一部分是水性良好的人。不会游泳的人,有的抱着船板躲到一边,有的挣扎着去拉扯善于游泳的人,这样一挣扎把水性好的人也拽下去了。

武花生水性非常好，但是他怕别人抱住他，就悄悄潜水游到了船下面。同时，他把船上3米多长的舵杆拉到河里。有些人便抓住舵杆，慢慢地向岸边浮去。这样，他救出13人。快靠近岸边的时候，他面前漂过一只羊，他便一把拽住羊腿。可是他发现羊非常重，费了很大力气才把羊拖到岸边。后来，他发现羊后面还有个桑湾村的人，便把他也救了。把这些人安全送到岸边之后，他又急匆匆返回，因为他的父亲还生死未卜。他拼命寻找父亲的身影，却怎么也看不到。在这之后，他又救了几个人，但父亲却不幸遇难了。

当年在船难中奋勇救得十多人生还的武花生老人，最大遗憾是未能救出自己的父亲。 摄影◎侯玉峰

出事之后，村里乱作一团。村外的人也哭哭啼啼来泥河沟打捞尸体，几天捞不上来，还跑到黄河下游找尸体。从黄河拉上来遗体后，村里人就帮忙用拉拉车把尸体运回村里。遇难者中，武子魁是退伍老红军，他的遗体被拉回来之后，被村里人放在了观音庙下面的窑洞里。村里还专门开了追悼会，缅怀这位曾经战斗在沙场的人物。那次船难，共有21人丧生，其中包括泥河沟村11人和白家塌、桑塌、郝梁沟等村的10人。

（文／李妍颖）

◈ 捞柴捞炭 ◈

黄河是陕西省佳县与山西省临县的天然界河,从神木县与佳县交界的秃尾河口入佳县境,经朱家坬镇、佳芦镇、峪口乡、木头峪乡、坑镇、螅镇6个乡镇,由螅镇出境流入吴堡县。黄河在佳县境内的流向由北而南,过境流长81.75公里。佳县多数河流由梳状小流汇合而成,春、秋流量大,丰水时期流量巨增,夏季流量小,有时甚至干涸,大都呈西北—东南流向,最终均注入黄河。

平日里的黄河,并非汹涌澎湃、气势磅礴,而是静静流淌。但水火无情,每到雨季,黄河便咆哮起来,无情地推走泥河沟村沿黄的良田与枣树。

"小暑大暑,淹死松鼠老鼠",这是泥河沟流传的一句俗语,一针见血地道明这里深受水灾之苦。泥河沟的水灾分为洪灾和雨灾两种:洪灾是指上游的神木县等地降水过多而引起下游黄河水泛滥;雨灾是指泥河沟本地的降水量过多,而造成车会河水位猛涨,淹至人家。泥河沟的气候属于大陆性季风半干旱气候,降水集中在夏季,6~9月降水量占年降水量的71.9%,并多以雷雨、阵雨形式出现。对于紧邻黄河的泥河沟而言,发大水似乎已经成了每年的家常便饭。据佳县地方志编纂委员会编《佳县志》记载:"1969~2004年,50~100毫米的暴雨出现过18次,年平均0.5次;100~200毫米的大暴雨出现过1次;未出现过200毫米以上的特大暴雨。一年中,暴雨主要集中在7~8月,最早出现在4月29日(1998年),最晚出现在9月4日(2002年);以8月份最多,出现了8次。强度最大的暴雨出现在1977年8月5日,24小时降雨量为108.1毫米,10分钟降雨量为25.1毫米,过程降水量为118.5毫米(5~9日)。清代以来,有史料

原村委会妇女主任郭宁过,对1971年黄河发大水记忆深刻。 摄影◎侯玉峰

武国生11岁时曾顶着洪水,用大葫芦当作救生圈横渡黄河,去寻找在山西工作的父亲武有苗。 摄影◎侯玉峰

记载的洪涝灾害共有 44 次。"1966、1967、1970、1971、1976 年最为频繁，泥河沟村黄河滩地的枣树和农田全部被冲毁，最严重时洪水一天可达七次。

每一次水灾，对于泥河沟村人来说都是致命的。据村民回忆，20 世纪六七十年代的黄河大水经常将腰粗的老枣树连根冲走，每涨一次洪水就有四五米高。郭宁过还清楚地记得 1971 年黄河发大水的场景。当时雨大得如从天上用桶往下倒水一般。车会沟和黄河的水并流，倒灌进来，把村里的庄稼和枣园全部冲毁。那年，她的儿子武国生 11 岁。洪水到达她家门口时，国生拿着一个大葫芦，当作救生圈横渡黄河，去找在山西工作的父亲武有苗。儿子出发后，她的心一直怦怦跳，生怕儿子出事情。此事过后，郭宁过一直对被冲走的枣树念念不忘。虽然那时枣园是集体的，但那些枣树是她丈夫辛苦地从山上打来土，她亲自栽种的。十几年来，她如照看孩子般悉心地养护着枣树，谁知她心心念念的枣树竟在一夜之间消失。

黄河的大水不仅影响着泥河沟村的土地和枣树，有时也会危及村民生命。水最大的时候，可淹到戏楼圪洞。这时，女人们便抱起娃娃，跑到晾枣崖去躲灾。武子军（1971 年生）小时候贪玩，差点在一场洪水中丢失性命。他本在村里的河里捞鱼，可大雨之后河水水位猛涨，瞬间到来的洪水，让他来不及逃走。他只好爬到身边的一块大石头上，水位越来越高，幸好被村里人及时发现。村里人费了九牛二虎之力才把他救上岸。

对泥河沟的村民而言，黄河发大水是一件亦忧亦喜的事情。洪水在冲毁田地与枣树的同时，也给村民带来了丰富的物资。每当黄河发洪水的时候，全村老少都会一齐出动准备打捞。早去占据有利位置水性又好的人，一天下来会收获颇丰。武子军对于这样的事情记忆深刻。他小时候看见黄河上游打雷了，晚上就不回家，跟着哥哥睡在黄河附近的烂窑里，等第二天发大水的时候捞东西。

一旦有暴雨，山上的木柴就会被水冲下来，最后聚到一起顺流而下。村民

武子军和母亲。武子军小时候有一次从洪水中死里逃生的惊险经历,事后母亲害怕他被吓得"魂儿"跑了,曾带着他姐姐连续3晚去他差点被洪水冲走的地方给他"叫魂儿"。 摄影◎侯玉峰

为了捞木柴而特别制作了舀子。他们根据需要的长度，把几根木棍接在一起，然后用烧红的铁丝在木棍的一端钻孔，用铁丝串成一个呈笊篱状的圆环，再用细铁丝串成网。这样，舀子就做成了。大水往往还会把府谷和神木的石炭冲下来。因为重，所以石炭会沉在沙里面。等洪水退去，村民就会去挖沙子里的炭。从黄河中捞出的炭会被河水冲刷得比较圆润，烧起来烟很少。对于泥河沟人来说，从黄河里捞的木柴和石炭，够他们烧一年。

与此同时，黄河水潮涨潮落时，会将一条一条鲤鱼留在岸上。大人负责用耙子把鱼捞到近处，小孩子负责用木棍把鱼打晕。他们的行动会非常迅速，因为转瞬间，潮水就会重新涌来，一不小心就会被大水冲走。这些与洪水并至的收成有时候不仅是村民个人的福利，也能为村庄的建设做出贡献。村中修缮观音庙所用的大梁就是武子军捐献的。这根从上游冲下来的六七米长的松木，是他一直追到通秦沟才控制住的浮木，当时他叫了几个人帮忙才把它抬回家。

（文 / 李妍颖）

观音庙,修缮庙宇所用的大梁是武子军捐献的一根从黄河中捞起的浮木。 摄影◎李攀

◇ 沿黄公路 ◇

长期以来泥河沟饱受黄河洪灾之苦，损失了无数良田和枣林。由于地理位置的原因，村民的生活水平难以提高。村民日常出行非常不便，每次去县城都要绕行其他道路。因此，改善交通成为这个山大沟深的小村最大的企盼。

"托共产党的福，盼来了沿黄公路的美梦。"2001年，榆林市规划修建沿黄公路，南起清涧县贺家畔，北至府谷县墙头乡，全长443.5公里。消息一出，泥河沟村民欢呼雀跃，他们把沿黄路视为"扶贫路"：能让泥河沟一带的红枣走向市场，从而使村庄富裕起来；会使黄河成为一道风景线，尽显晋陕大峡谷的风光，对带动黄河沿岸第三产业的迅速发展有极为重要的促进作用。

沿黄公路的根本目的是开发黄河，保护黄河，利用黄河来创造条件。修路选线的原方案为沿着黄河一路而上，基本要求是去弯取直，缩短里程。榆林市交通局公布的沿黄公路实施方案上也有说明："除悬崖峭壁与特别险要之处外，基本都走了沿黄。"但实际方案却突然改线，方案一是从万镇开始不沿黄河，改到从高家畔经过朱家圪、何家圪再到张家坡连接佳榆公路，绕山60公里而放弃原定的"沿黄"20公里直路。方案二不连接佳榆公路，从张家坡转向云石崩沟，从大会坪开始沿黄直到佳县。经过评估会议后，最终沿黄公路的修建方案没有经过泥河沟村。消息一传来，泥河沟村民都十分愤慨。武买保（1955年生）当时任村主任，他和武世峰带领村民去县、市政府上访过多次。村民自愿参加上访，

夏日,从银象山腰的河神庙眺望沿黄公路与金狮山,黄河滩上的枣林一片葱茏。　摄影◎侯玉峰

自行承担花销。经过村民多次上访，加之社会各界的压力，修路之事暂时搁置。2009年9月，工程重新启动，确定"沿黄"并途经泥河沟村。2012年，沿黄公路泥河沟段竣工，村民坐汽车去一趟县城，只需半个多小时。

如今泥河沟村东临黄河，上至府谷，下至清涧，西面上朱家坬公路，南面通镇公路。年轻人回村更加方便，老年人出行也更加便捷。沿黄公路让这个古朴宁静的小村变得四通八达，为其带来了生机。

（文/孙兆琦　辛育航）

沿黄公路通往佳县县城的一端。冬日里黄河封冻，公路上也会出现少许结冰现象。 摄影◎贾玥

十、野壑闻涛

◈ 山主白家硷,寺主泥河沟 ◈

在佳县城北约 20 公里的黄河西岸、崖畔村与泥河沟村交界处的群山之中,佛堂寺巍然而坐,"野壑藏秀古寺闻涛"的书词赫然在目。对于佛堂寺的修建时间,人们颇有争议,南北朝、唐、宋等说法纷纭。据《佳县志》载:北宋天圣六年(1028 年),购地修建佛堂寺(元朝大德年间迁址于通镇高家集村后)。寺中的铸铜像碑记则言其"始建于唐代"。民间亦流传着多种说法,主要说法之一便是根据石头推测佛堂寺的修建历经几个朝代,到宋朝才完工。据传说,开采石头的时候,工人们吃了两船的咸盐,一船两万斤。这说明修建佛堂寺所用的时间太长,经过几个朝代,到宋朝才把它建好。

当地有句老话:"山主白家硷,寺主泥河沟。"因为佛堂寺所在山头属于白家硷村,但这座庙宇却属于泥河沟。村民说,当初泥河沟要建立佛堂寺,白家硷便无偿将土地借出。所以直到今天,每逢佛堂寺庙会,泥河沟人都会邀请白家硷人参加,以示对当年借地情谊的感念。

佛堂寺以古石窟最为壮观,近 20 米高的石崖上凿有 4 孔规模较大的石窟。北起第一窟为主窟,内存精雕细刻的石神像 7 尊,石碑 1 通,主神为释迦牟尼。通道口上方有摩崖记事,记述着建寺时的置地契约。第二窟供奉地藏,此窟最大,深 7 米,宽 6 米,高 4 米。第三窟供奉观音。第四窟供奉三霄娘娘。加上其余小窟,石窟总面积为 107.6 平方米。石窟下面是宽阔清静、松柏葱郁、古朴秀雅的庙院。庙院从南至北有山门、钟鼓楼以及韦陀、城隍、药王、财神等庙。

据寺内的石刻地契可知,北宋仁宗赵祯天圣六年正月十八日,武得先因军

佛堂寺是周边 24 个村落的信仰中心。　摄影◎贾玥

佛堂寺石窟主窟内景，在 7 尊佛像（三佛二尊者二菩萨）脚下，还有一尊土地爷神像。　摄影◎贾玥

粮紧急，将自己分到的祖业，即莹河湾东的一块地卖给了佛堂寺。除此之外，还有其他村子卖地给佛堂寺。因此，历史上佛堂寺曾拥有大量土地，由寺内僧人耕种。新中国成立后的集体化时期，原本属于佛堂寺的土地收归各村。所以寺里的土地一半归了通镇的高家集，一半归了朱家坬乡的泥河沟和崖畔村。改革开放以后，寺庙活动恢复，曾经分到土地的村庄又把地归还佛堂寺。但是崖畔村没有这样做，因为这个村把土地承包给了各家各户，问题相当复杂。佛堂寺与崖畔村同时要这块土地，纠纷由此而生。经乡政府调解、法院打官司等各种途径，土地最终划归了佛堂寺，但是要等到第三轮土地调整才行。现在，佛堂寺的土地归佳县宗教局、文化局管理，由分属朱家坬镇和通镇的7个村子使用。每年，朱家坬镇政府都会替崖畔村交给佛堂寺500元的租金。

（文 / 宋艳祎）

佛堂寺"野壑藏秀古寺闻涛"石壁题刻　摄影◎武雄

佛堂寺石窟主窟内保存较为完好的文殊菩萨像。 摄影◎侯玉峰

◈ 重修佛堂寺 ◈

如今的佛堂寺是佳县最大的乡间寺庙，久负盛名，命运也跌宕起伏。1949年前后，经政府倡导，大部分僧人还俗，只有个别老僧继续看守寺院。"文化大革命"期间，寺院被捣毁，老僧被迫离寺，靠行脚化缘为生。20世纪80年代以来，佳县境内的佛教活动逐渐恢复，信教群众自愿集资修整了被毁寺院，佛事活动得以正常开展。据《佳县志》记载："2005年，境内开放佛教活动的场所有云岩寺、金明寺、石佛堂寺、郑家寺等。其中，石佛堂寺正在新辟道路、拓展寺院，佛教活动及影响较大。全县有僧众9人，其中郑家寺5人，金明寺2人，石佛堂寺1人，王家砭香炉寺1人。"

佛堂寺副会长武子周清楚地记得，佛堂寺的石像被毁于1966年秋天，佛像头被人打掉，后来人们又把它们从沟里捡回来。"文化大革命"期间，佛堂寺大量的石雕、壁画等被毁坏。后来又因为连遭盗贼，佛堂寺损失了大量文物。石窟内的土地爷石像也曾遭窃，但是由于石像实在太重，窃贼背到一半便放弃了，村民这才有机会将其寻回。经历种种波折后，为了妥善保管文物，村民为存放石像的石屋焊了铁门，并上了里外两道锁。要想进入屋内，首先要把铁门外的锁打开，然后由后面的小门钻入屋内，打开里面的锁。铁门封上以后，谁都不能随意进入。珍贵的土地爷石像已经十多年没让人动过了。动荡时期，守护文物是件有生命危险的事情。佛堂寺的名誉会长武世峰说："拿钥匙的人现在公开了，过去都不敢公开，害怕盗取文物的人把你命要了。"

"文化大革命"毁坏了佛堂寺、石像，却没有在思想上阻隔人们的信仰。浩劫结束以后，佛堂寺作为文物受到保护，村民更是自发筹集资金对寺庙及

佛堂寺主窟入口,至今可见当年村民为保护石像修建的铁门 摄影◎贾玥

佛像进行修复。1986年，佛堂寺文物管理所成立，并于9月立碑记录了佛堂寺的重修过程。

重修佛堂寺碑记

天下公私之建筑城乡丛聚，鳞次栉比，盛矣哉！然历百千年后犹存者岂多乎？此人所以于之古迹与叹凭吊而不可自已者也。

县内佛堂寺建于何代不可考。然北侧石佛堂内过洞额壁上，刻有宁河都人武得先，因军旅紧急将祖业卖与寺僧静虚门徒道存之死契，乃北宋仁宗天圣六年（公元1028）事。以此上推，则建寺距今当在千年以上矣。千年以上，岂特人民全新，城郭亦非旧貌矣。使辽东鹤归来当作何想哉？

寺历唐、宋、辽、金、元、明、清、民国、中华人民共和国九朝，大抵世兴则寺兴，世衰则寺衰。由是大德、嘉靖、康、乾之世迭加重修，而辽、金之朝并无修葺之记。迨一九六六年古四月十六日，公社干部纠邻村之民，拆庙毁像，大革文化之命，使千年古迹，片刻尽毁，怵目伤心，莫此为甚。幸及十数年后世道复治，文物古迹，国家倍珍，乡之民亦以神灵复显，自动筹款捐工，保护修复佛堂寺之役与矣。一九八一年五月十二日始修戏台，十月告竣。并修黑虎灵官庙。一九八二年塑祖师、关帝、佛殿、城隍、财神、灵官之像。一九八四年修防洪护寺墙。是年，省文物局拨款一万三千元。翌年秋再拨一万五千元。一九八六年修钟、鼓楼、山门等。向之乱石瓦砾又复建筑一新矣。考四乡之民于寺焉，虽因愚昧而毁，后缘迷信而修，然于神道寄人情善善恶恶之旨，不亦宜乎！倘人皆善善恶恶，家何不振，世何不治，国何不盛乎？

且夫寺当野壑，远离市廛。拔身大千世界而来此观览者能不有所悟哉？

一九八六年，上级批准成立佛堂寺文物管理所，将派公职人员住寺，兼管

佛堂寺是典型的佛、道合祀寺庙,除供奉佛祖、菩萨外,还供奉着三霄娘娘、真武祖师、关帝、城隍、财神、灵官等诸多道教神祇,图为重修过的真武殿。 摄影◎贾玥

观景寺、惠岩寺、郑家寺、郝家寺四处之文保事宜。则多年无主之古迹，正式属于国产矣。寺内断首再植之千年石佛，劫后残生，抚今追昔，涕焉？笑焉？

一九八六年九月佛堂寺文物管理所立

榆林地区文联陈继春、陈宝生书

1992年，佛堂寺被陕西省人民政府列为省级重点文物保护单位，1994年又被批准为"佛教活动场所"。重建的佛堂寺因历史悠久、精美壮观的石像，颇具规模的建筑以及幽美古朴的环境而成为佳县的重要旅游景点之一。尽管已经过数次维修，佛堂寺仍没能恢复原来的样子。2012年，在村中几位信士捐资倡导下，佛堂寺文物管理所所长武占富、庙会总会长武占都，与武侯应、武俊义、武治向、武六耀、武增耀、武子周、武光勤、武秋生、武治虎、武占荣、武世好、武桂生、武玉福等诸会首商议，决定新铸"释迦牟尼""真武祖师""菩萨"等14尊铜像，并用余资新修了七孔石窟。农历三月初八，佛堂寺为新铸铜像举行了隆重的开光仪式，并于三月二十三日筑碑为记。

佳县佛堂寺铸铜像碑记

佛堂寺位于佳县城北约20公里的黄河西岸，距千年枣园泥河沟村约2公里，1992年陕西省人民政府公布佛堂寺为省级重点文物保护单位，是佳县境内从木头峪起，经白云山、云岩寺、泥河沟一日游的重要景点。

佛堂寺始建于唐代，寺内原有许多石雕、壁画等价值连城的珍稀古迹。遗憾的是好些文物古迹毁于"文革"，后又连遭盗贼，经数次维修，仍未能恢复原貌。

近年来，众乡民维修、保护佛堂寺的要求甚为强烈。去年由武侯应居士，武俊义、武占德信士捐巨资倡导，经佛堂寺庙会各村长商议，决定新铸"释

2012年新修建的石窟之一，供奉新铸的释迦牟尼及文殊、普贤铜像。 摄影◎侯玉峰

迦牟尼"、"真武祖师"、"菩萨"等铜像14尊。此举符民心、合民意,众乡民慷慨解囊,纷纷捐资。多则数万元,少则几百元不等,终于铸就铜像,并用余资新修石窑七孔,满足了众乡民的心愿。公元2012年农历三月初八日,佛堂寺为新铸铜像举行了隆重的开光仪式,为佛堂寺增添了新的光辉。

佛堂寺从初建至今,数百年来,已经成为乡民敬神拜佛,期盼国泰民安、风调雨顺、五谷丰登、万事如意的圣地。铸新铜像之善举,上合天意、下符民心,善男信女,善心恒持,理当有求必应。今立碑刻石,歌颂功德。特记此善举。

碑文撰写:武南耀
石刻:李永亮
佛堂寺庙会管理委员会
2012壬辰年三月二十三

（文 / 宋艳祎）

文革期间的种种破坏活动,并未从思想上阻隔人们的信仰。 摄影◎贾玥

❖ 庙会筹备与管理 ❖

佛堂寺的日常运行与庙会的筹办等工作，都由 16 人组成的"佳县佛堂寺佛教协会"负责。这是一个群众性组织，不归政府管理。1992 年，佛堂寺被评定为陕西省重点文物保护单位后，省政府成立了"佳县佛堂寺文物管理所"，归佳县文化局管辖。陕西省政府每年给管理所 8 个文保员名额，每人每年补贴 1000 元。民间的佛教协会和官方的管理所其实是"两个单位，一套人马"。

佛堂寺是周围 24 个村落的活动中心，因此，16 位会长由各村推选的人员组成。过去，村庄按家族分为内排和外排：武姓是主会的内排，包括泥河沟、桑沟、西沟畔、土沟、沙湾、崖畔和高家集等 7 个村；其他姓的 17 个村是外排，也叫副排。会长都出自内排，每排出两个会长，由排里的人推选，经佛堂寺管理会认可便可以担任会长，否则就要重新推选。排是在佛堂寺有关的活动中才用的组织单位；"寺主"泥河沟村有 2 个排，沙塄上、湾里和高姓为一排，磁里和石塌上为另一排，其他 6 个村每村有 1 个排。过去，内排每人都要收 10 块钱戏钱，多于外排；现在不再区分内外排，戏钱都是一样的。会长一般由信佛且年龄比较大、愿意操持寺庙事务的人担任，同时也是各村比较有威望的人。目前，泥河沟共有 5 位会长：武世峰是佛堂寺的名誉会长，也是佛堂寺文物管理所所长；总会长武占都和副会长武秋生都出自沙塄上家族；武光勤和武子周则出自磁里家族。在泥河沟人眼中，会长不仅是佛堂寺的服务者与管理者，也是家族的代表和荣耀。

一年一度的庙会是佛堂寺最隆重的事情，主要是唱大戏和村民烧香拜佛。武岳林回忆说："过去各村骑驴的、牵马的、推车的鱼贯而来，但凡腿能动

"佳县佛堂寺佛教协会"成员合影（2015年3月） 摄影◎贾玥

的男女老少都愿意来凑个热闹。"每次庙会的前几天，各位会长都要聚集起来进行"会查"，即开会。开会时间由名誉会长决定，然后通知各位会长，误一天工有10块钱的补助。唱戏时，会长必须住在佛堂寺，因为要忙着打扫卫生、接待剧团，以确保庙会顺利进行。

除了庙会期间，每年春节前后，会长们也要按照值班表轮流照看佛堂寺。腊月二十三这天，要有人打扫卫生，提前贴好对联。大年三十，要有一两位会长在佛堂寺，因为晚上会有人求神。正月初一，所有会长都要去，因为正月求神的人最多，事情也最繁杂。会长去后，要服务大家，分别负责卖香、卖表、抽签、讲签、管灶做饭等事宜。佛堂寺庙会每年三月十二定期举办，所以每年正月初七，协会就定好了这一年要唱的戏。这是多年的老规矩了。尽管事务繁杂，但16位会长各有基本固定的分工，量力而行。每年也会有一些人自愿来佛堂寺帮忙。因此，每年的庙会都进行得有条不紊。

（文／宋艳祎）

庙会期间,佛教协会的会长们工作繁忙而有序。 摄影◎贾玥

◇ 三月十二庙会 ◇

佛堂寺规模较大，是周围十几个村庄都要朝拜的大庙，院内不同的殿中敬奉着佛道二教的多位神仙。平日的佛堂寺烟雾缭绕，风中偶尔飘荡的钟声好像要荡涤掉尘世间所有的喧嚣。而每年三月，热闹的庙会便将无数村民的热忱点燃，男女老少偕行，欢声笑语不断。

很早以前，佛堂寺的庙会是在每年四月初二举行，但是因为与白云山庙会的时间（四月初一至十八）冲突，佳县人民剧团分身乏术，所以20世纪80年代恢复寺庙的时候，便把时间改成了三月十二，提前了20天。佳县人民剧团起源于木头峪村的私人剧团，原来是一个由一二十人组成的戏班子。1958年前后，戏班子从山西太原收编了一部分成员，就变成50人左右的佳县人民剧团了。会长武子周说，以前只有这一个剧团，没有个体剧团，现在有了私人剧团，但佛堂寺还是尽量请价格高的佳县人民剧团来唱。

剧团是每年庙会一定要请的，但是请什么样的剧团取决于经济实力，也会直接影响参加庙会的人数。据说请晋剧团、省剧团或者地区剧团时，方圆四五十里的百姓都会过来看戏，人山人海。唱戏资金主要有这样几个来源：一是每年三月初七初八时，各村会长按照人头每人收取10元；二是信众捐在布施箱里的香火钱；三是协会补的钱。

大戏一般唱三天，三月十一起戏，三月十二是正戏，三月十三罢戏。因为与山西隔黄河而居，所以佛堂寺庙会经常唱晋剧。戏目由会长们开会商量决定，但第一天起戏时，不管哪个剧团，都唱《打金枝》。《打金枝》是老一代村民最熟悉、最喜欢的戏，也是一出有教育意义的好戏。因为在戏中，皇帝作为长辈很明智，没有因为驸马打了自己的女儿就给予惩罚，而是通过劝导使两人和好如初。《打金枝》用人多，大剧团演出时，青衣、老旦和花脸等都要出来，而小剧团人员

三月十二庙会也是附近各村村民们盛大的社交聚会。 摄影◎贾玥

不足,郭子仪的7个儿子只能出来两三个。除了《打金枝》,庙会早时还唱过《忠保国》等戏,近些年有《哑女告状》、《龙头拐》和《杨门女将》等戏目。三天共唱七场戏,每场两个多小时。第一天唱一场《打金枝》,第二天和第三天都要唱三场戏。上午开戏时间一般为上午10点到十点半,下午和晚上也各有一场。20世纪80年代,寺庙重新运行以后,私人小剧团开始增多。因为人少,没有能力唱那么多戏,所以就把上午和下午的戏合并到一起,中间只隔20分钟左右的化妆时间。晚上一般是晚会,表演唱歌、舞蹈和大秧歌等节目。

以前交通不方便时,为了看戏,来自佳县各个地方的人们就住在佛堂寺的窑洞里或附近的亲戚家里,佛堂寺会为远道而来的香客安排吃住。现在人们几乎可以在一天的时间内往返于城里和佛堂寺。

佛堂寺庙会是大人们极其重视、孩子们最盼望的事情。佛堂寺距离泥河沟约有四五里的路程,孩子们往往几个小伙伴一起,蹦蹦跳跳就去了。庙会上卖的东西多种多样,有农具、衣服等用品,更多的则是冰棍、碗团、糕点、凉皮等各色吃食。这是除过年以外最热闹的节日。孩子们虽然听不懂戏,但会看台上舞弄刀枪的热闹,更多时候则是在大人中间钻来钻去、嬉戏玩耍,然后拿着过年积攒的一两毛钱或向家长要几毛钱买点吃的解馋,有时也会钻进庙里,拿起签摇一摇。农历三月,天气已经渐渐热起来。据村里的年轻人回忆,以前有钱的人家会带着吃的喝的去看戏。小孩子嫌热,不喝烧开的水,而是排队趴在佛堂寺石窟的石缝边喝流出的凉水。除了看戏,庙会这一天也是祈福的日子。院里有个四面开孔的过关楼,每年此时,都有体弱多病的4岁左右的娃娃"过关",即从一个洞门钻进去,再从另外一个洞门钻出来,待到12岁再从相反方向钻回来,祈求平安健康长大。

如今,村里外出务工人员众多,佛堂寺庙会已经远不如从前兴盛。会首们因为年迈精力不济,有的外出打工,能到场的只有10人左右,观众也不再有当年人山人海的盛况。但是,庙会依然是乡村每年最热闹的时候,来自不同村落的男女老少聚在一起。在氤氲缭绕的烟雾里、咿咿呀呀的戏腔里、抑扬顿挫的曲调里,仿佛还可以看到祖辈曾在这里欢笑共语的时光。

(文 / 宋艳祎)

2015年的三月十二庙会请来唱戏的是山西晋剧团。　摄影◎贾玥

演员们在充当"化妆间"的窑洞内候场，通往后台的"门框"上还保留着2009年佳县剧团演出时的节目单。　摄影◎贾玥

十一、灯转九曲

◈ 九曲黄河阵 ◈

《封神演义》中记载，赵公明被陆压射死之后，他的三个妹妹云霄、碧霄和琼霄在申公豹的挑唆下，辟地开天欲为兄报仇。她们三人携带法宝混元金斗下山，摆出"九曲黄河阵"，不仅打败了陆压道人和燃灯道人，还逐一擒拿了阐教门下的十二金仙，将其封入九曲黄河阵中。此后，阐教教主元始天尊与太上老君协助周武王作战，凭借圣人之躯合力破开九曲黄河阵，收服姐妹三人。九曲黄河阵自此消弭。

相传清代同治年间，泥河沟村发生了一场严重的瘟疫，患病死亡的百姓非常多。村民为了祛除瘟神、赶走疾病，依着濒临黄河的地理位置，因循上古时期流传下来的九曲黄河阵，形成一年一度的打醮活动。打醮仪式上，人们要转九曲黄河阵，它由象征一年的 365 盏油灯组成的。现在村里人为了求学和做生意，还会在打醮仪式上求神保佑。打醮仪式包含着泥河沟人对美好生活的期望。他们感谢神灵带来一年的收获，答天谢地，驱瘟解厄，祈福亡人升天、生者寿永平安，万事吉祥如意。虽然历史上断断续续地停办过庙会，但打醮始终仍绵延不绝延续至今，并成为泥河沟村独特的文化标识。

（文／李禾尧）

雪夜转九曲 摄影◎贾玥

经堂窑

打醮仪式是一次怡人悦神的文化展演,神神(当地人将神灵尊称为"神神")是仪式的核心所在。起初,榆林地区打醮仪式供奉的祖师灵牌均由白云山道观奉派。那时候不管在哪个村,打醮都要全村人出行。村民拿上祖师的法器、家什,到几十甚至上百公里之外的白云山请祖师灵牌,有时来回要用上三五天,浩浩荡荡,场面甚为壮观。

后来,泥河沟人形成了从佛堂寺请神神的习俗规制,由纠首团队中的主手和副手作为全村的代表,去请神神到村巡视,为村祈福。专门的乐手一路上吹吹打打,隆重迎接神灵牌位的到来。神神被请来以后,被供奉在专门腾出来的窑洞——"经堂窑"里。按照纠首们的说法,经堂窑虽然神圣荣光,但它的位置不是固定的。通常是在仪式举行之前,哪家有闲置的窑洞就选在哪家。这样的安排也使得每家每户都有被选中的可能。泥河沟人相信,神神的福气能够降临在全村的每个角落。

(文 / 李禾尧)

经堂窑内供"神神" 摄影◎贾玥

经堂窑外放鞭炮 摄影◎贾玥

◇ 法师和乐手 ◇

在打醮仪式中,法师团队会念经、做法事,旨在超度亡灵,为后人祈福。近年来,泥河沟村与邻近的观井沟寺一直保持着密切的联系。寺庙的住持表示可以随时为村里提供专业的法事服务。他们通常是 1 名住持带领 4 名和尚组成团队到村。纠首把法事团队请来之后,为他们安排好住所,协商具体的细节,共同筹备打醮。按照习俗规制,打醮期间吃肉是对神灵的不尊重,因而 12 名纠首只能在村委会与法师团队一起用餐,吃清油素菜和米面主粮。

仪式需要的乐手有两班。一班从外面请,找附近几个村水平最高的团队;另一班从村里出,以秧歌队为班底。大家吹吹打打,扭着喜庆的秧歌,共同庆贺这一村庄盛事。

仪式结束之后,纠首们要付给前来帮忙的和尚法师酬劳,还要附赠村庄的特色产品,比如红枣和大米,以感谢他们为泥河沟打醮仪式付出的辛劳。

(文 / 李禾尧)

法师乐手打头阵。 摄影◎贾玥

纠首团

打醮活动是由村里选出的纠首组织起来的。起初，纠首有 6 名，5 名泥河沟人和 1 名桑塄村人。后来随着村庄人口的增多，近 10 多年来，纠首发展到 12 名，由 10 名泥河沟人和 2 名桑塄村人组成。

纠首是按照村民居住的位置确定的，遵循"寨则坝——湾崖地——戏楼圪洞——后圪洞——后河上——紫柏崖圾——寨峁——寨则坝"的轮转顺序。邻近的 10 户人家相互协商，推选出主手和副手。主手负责保管经费，组织纠首开会，议定采购事宜，去佛堂寺请神神；副手负责给主手出主意；其他纠首负责事务性工作（收人口钱、采购、布置现场、制作河灯等）。每年进入腊月之后，纠首们都会聚集在主手家，商量打醮仪式总体事宜，安排每个纠首的工作，列出详细的工作日程安排。丙申猴年（2016 年）的纠首有武孝义（主手）、武耀存（副手）、武忠凯、武耀飞、武连生、武天保、武花生、武国孝、武勇耀、武良生，以及桑塄村的两家。这一年，他们的工作安排及所需物品如下：

工作分工：

武奋龙、武军强：　　　　到神木

武良生、武卫生：　　　　到榆林、通镇

武耀存、武耀飞：　　　　在外采购

武天保、武连生：　　　　做饭

武刘雄：　　　　　　　　到佳县收人口钱；现场布置电线

武春耀、武花生、武国孝：腊月二十三打扫村庙、贴对联；

　　　　　　　　　　　　安排号队、和尚的住宿

纠首布置黄河阵内的彩灯。 摄影◎贾玥

所需物品：

食材： 面 5 袋、山药 2 袋、粉条 30 斤、大米 20 斤、油 3 桶。

调料： 花椒半斤、茴香半斤、姜片半斤、葱 5 斤、蒜 2 斤、辣椒面 1 斤、海带 2 斤、豆腐 20 斤。

庆典用品： 花炮（5000 元）、彩灯布置用品、经堂窑布置用品等。

举办仪式的资金是纠首们从全村筹集来的。他们通常还需要向生活在邻近地区的本村村民收钱，取名为"人口钱"。人口钱要在腊月十六去通镇赶集之前收齐，用来置办打醮用的面、肉、炮仗、孔明灯等。通常，人口钱按每人 10 元收取，家境宽裕的可以多贡献一些。这些钱由主手保管，再分配给各个纠首采购。如有盈余，就作为贷款贷给村里需要的村民，来年筹备打醮时再收回使用。

转九曲的地方也需要纠首们提前精心布置。起初，村里人用包裹着彩色纸的油灯装点现场，摆出九曲黄河阵。打醮仪式也因此得到"灯油盛会"的美名。后来，人们选用更加便利的彩色灯泡替代原先的油灯，既省力又好看。夜幕降临之后，打醮的区域俨然变成一片花火的海洋，五彩的灯光璀璨照人。

每年纠首交接时，前一轮纠首要把给祖师爷的献贡交给下一轮。献贡相当于彼此之间的接力棒，是象征平安、用以祈福的神圣之物。

（文 / 李禾尧）

纠首们从全村筹集来的打醮仪式资金,称为"人口钱",布施者名字和相应数额会张榜公布。 摄影◎贾玥

打醮仪式

每年的打醮仪式从正月初三开始,到正月初五结束,前后共三天。此前,打醮的地点在武买保家后面的羊圈,后来改在村口的枣园。

正月初三早上,村里的秧歌队从开章小学出发,绕村一圈,给每一家拜年。只要院子宽敞,他们都会进去敲锣打鼓扭一扭。下午设立醮坛,布置经堂,在每家每户门头挂吊纸。村民绕着打醮的九曲黄河阵转一圈。转的时候,要把神牌放在盘子上。和尚在最前面引路,乐手紧随其后伴奏,村民跟在最后。这一天的打醮主要是为了祈求神灵保健康、保平安。尤其是现在村里的娃娃比较少,大家都祝福每家每户的娃娃百病全消、健康成长。

正月初四上午,法师团队要到村里的龙王庙进行祭风出幡仪式,向神灵祈求打醮期间有好的天气,不刮风下雨。上午10点,吹手、法师、顶着神神牌位的孩子,以及全村的男女老少开始转九曲阵,名曰"佛踩九曲阵",象征着神神视察了打醮仪式的现场,在黄河九曲降福,保佑所有转九曲的人。下午三四点,开始进行第二次转九曲,同时法师演诵经文(主要是炎黄五帝的忏悔经)。到了晚上,九曲阵的彩灯点亮村落。这个时候,要请神神观灯,诵经伺神。同时,全村人围在戏楼圪洞前,欣赏村里人组织的晚会。灯油盛会的彩灯映衬着人市儿火红的灯笼,为泥河沟村默默祈福。

正月初五是规模最大、场面最热闹的一天。上午要进行演经,也称作"佛爷赐福",表示神神将美好的福祉赠予村庄。村里的观音庙、河神庙和龙王庙都要行香,法师收幡、演诵赦文,村里人转九曲,纠首们向神神上贡。村民要在早上9点、下午2点和晚上五六点转三场。每次半小时左右,人

打醮队从经堂窑出发挨家拜年。 摄影◎贾玥

多时1个小时才能转一圈。三圈之后，表示佛爷安村，即神神已经将未来一年的福气发到每个人手里。天黑以后，大家还要放孔明灯祈福。纠首们带着自己制作的7个河灯来到黄河边，把它们放在水里顺水漂流，表示"放河灯，送瘟神"，村子来年都会风调雨顺。

打醮转九曲结束之后，会预留半小时给村中过世的人转九曲，之后灯会的花灯才会熄灭。在这段时间里，武姓的四大家族各自凑在一起，为家族的祖先和逝去的亲人烧纸纪念，感念祖先的功绩，同时互相勉励，祝福来年各家的生活平平安安、红红火火。

（文 / 李禾尧）

男女老少转九曲。 摄影◎贾玥

十二、枣韵千年

◈ 天下红枣第一村 ◈

从沿黄公路进入泥河沟村之前,村口山崖石壁上赫然刻着"天下红枣第一村"七个大字,向行人彰示着这个孕育了千年枣树的古朴村落。2006年,佳县县长张小明在红枣办主任高峰的引领下,调研千年古枣林。随后,"天下红枣第一村"被镌刻在石崖之上。如今,"天下红枣第一村"的名号已经成为泥河沟村民引以为荣的文化标识。

古枣园与泥河沟古村落已相守千年。枣树守望着村落,村民呵护着枣园,和谐共生,浑然一体。纵使一辈又一辈泥河沟人出生又老去,这一株株枣树依然与日月同辉,见证着世间悲欢离合。时无长物,唯枣树依旧。如今这些枣树早已子孙遍地,枝繁叶茂,遍布湾塌坡岇,更在华夏大地上结实育人。故而,泥河沟古枣树当得"枣源"二字。泥河沟古枣林的核心地带位于湾崖地、炉瓷坡和寨则上三地之下与车会沟之上。泥河沟如今依据地势形成了三种枣树:质量最佳和产量最盛的黄河滩枣树,其受自然灾害最重;河沟和川地里的枣树,位于其次;山上的枣树,成熟较前两者略晚,一般可避过成熟期的雨季,受灾较轻,但品质不及前二者。村民善待枣树不只是为了收获枣子,在这个以枣为生的传统村落,枣树早已与村民形成骨肉亲情。这种人与树的特殊感情,经年累月凝聚成当地特有的枣文化。

1981年,佳县红枣工作站的高峰来到泥河沟进行枣属品种调查。虽此前听闻这里有古枣树,但待见到真尊时,他依然震惊万分。由于当时无法在不破坏枣树的前提下进行树龄鉴定,所以他拒绝了在树干打孔计算年轮的检测方法。其后,他查遍《古树志》,发现泥河沟的枣树可能是有记载以来最早的。有一次泥河沟刮大风,将一棵古枣树的侧枝吹折。高峰到来之后,

车会沟岸边镌刻着"枣韵千年"的巨石　摄影◎孙庆忠

锯下一段背回县城。对他来说，这是天赐机缘，因为他本舍不得通过破坏枣树来检测树龄。高峰将截取的树枝送往陕西省林业科学院，以老乡之谊拜托符毓秦研究员帮助测算树龄。半年后，高峰获悉树龄已有1300余年。这着实让他坚定了泥河沟古枣树是枣树之祖且已有千年历史的猜测。不过当时并无证书等凭证，有的只是符研究员用技术和人格作保的判定。

在1997～2000年这段时间，高峰酝酿出"天下红枣第一村"的想法，并在县政协常委会上提出。2005年，在得知浙江青田稻鱼共生系统被列为"全球重要农业文化遗产"后，他更加坚定了为泥河沟千年古枣园正名的信心。当时，张小明到佳县任县长，他随高峰到泥河沟村调研千年古枣林。在村前的公路上，高峰请张小明抬头望向山崖，并手指崖顶石壁，提出要刻下"天下红枣第一村"七个字。张小明并没有当即回应，等走进枣林见到古枣树，他惊讶不已，深知直径如此的枣树当已有千年之久。调研结束后，在启程返回佳县的路上，高峰再次提出在石壁上刻字的请求，张小明便将此放在了心上。2006年，县里拨款7万元文化资金，由高峰拜请当地文化名人陈继春先生题写，请绥德工匠刻下"天下红枣第一村"七个大字。

与七字石刻同时，他们在古枣园内树立了一块"枣源"碑，在村内寨则上旁的车会沟东侧"马马石"上刻了"枣韵千年"四字，以此呼应村口的"天下红枣第一村"。这些文化标识不仅宣扬了泥河沟枣树久远的历史，而且使泥河沟人对自己村子具有千年历史的宝贝不再存有疑虑。"天下红枣第一村"在强化红枣树人工驯化之源的同时，更因其所承载的文化厚重感，使偏居陕北一隅的村民能够以古枣园为傲，以是泥河沟人为荣。村民与枣树相依为命，恰恰证明了泥河沟与枣结缘千年的厚重情谊。这让其不负"天下红枣第一村"的盛名，并获得与自然一起可持续发展的动力。

（文／郭天禹）

泥河沟的枣树可能是有记载以来最早的。 摄影◎侯玉峰

❖ 晒枣崖 ❖

"七月十五枣红圈,八月十五枣打竿。"当泥河沟的老老少少一齐出动,热热闹闹地捡回一筐又一筐大红枣,晒枣工作便启动了。

晾晒是储存的前提。晒枣的季节最怕闹天气。如果遇到连阴天,不能及时将枣晒干,红枣就会变质腐烂,一年的收成就将付之东流。泥河沟人晾晒红枣的方式奇特,对晾晒地点的选择更是考究。最好的红枣都是在石崖的横向裂缝里晾晒。长期的风化让这些石缝成为天然的晒场,良好的通风、光照和石头的温度有利于加快红枣水分的蒸发。遇到雨天,村民会把红枣及时聚拢在裂缝根部,避免红枣受潮。每一块晒枣崖都有归属,祖上殷实的人家便能拥有位置最好的数块。

曾几何时,泥河沟人会攀岩到陡峭的石崖,在壁立千仞的横向岩洞里晒制红枣。近些年,年轻人常年打工在外,陡峭的山崖对老年人来说变得高不可攀。于是,村民慢慢放弃了传统的晾晒方式,把地点换在自家院子中,用棚布挡雨。如今,石崖上的横向裂缝已变成老辈人记忆中的一道风景。

(文 / 李妍颖)

车会沟里晒枣崖　摄影◎贾玥

◈ 奶菜与务树 ◈

"奶菜",大家千万别把它当成蔬菜中的"奶白菜"或小白菜。当知道它的真实含义后,大多数人可能认为是脏臭的、污秽的,会掩鼻嗤之。不过对于地地道道的农民而言,奶菜是真实的、平常的,是躲不过的日常劳动。特别是在晋陕大峡谷,对于黄河中游陕北地区沿河而生的农民来说,这是最普通的劳动。

"奶菜"这个词是劳动人民对一种沉重劳动的诗意美化,是一种积极的心态,是一种特殊的诠释,是对劳动的情感和生命的体验。那么,什么是奶菜?简言之,就是农民担大粪(特指人的粪便)给庄稼施肥,给菜"喂奶"。在泥河沟,如果遇到农民担一担猪粪,或者羊粪,或者牛粪,问他去干什么,他会回答说去给某种庄稼"上粪"去。但如果遇到担大粪的人,问他去干什么,他会说"去奶XX庄稼"。言语之间,你可以体会到农民对不同农家肥的不同态度和情感。毕竟,人类的粪便要比猪、牛、羊少得多。

每到夏天,泥河沟村村民便会担着一担大粪,晃晃悠悠地走着,去给庄稼施肥。如果你问他去干吗,他会回答你去"奶茄子"或"奶黄瓜"或"奶荚荚(豆角)"。对于这种说法,土生土长在泥河沟的我多少年来并没有领会其真实含义。从童年直至到通镇上初中,到乌镇上高中,担大粪是劳动课上经常会遇到的课程,因为学校师生吃的蔬菜是在自己地里种的。我把它当成一项平常的劳动,并没有细细体验和感悟,因为这是我们六七十年代出生的农村学子的必修课程。但是,这些年,大棚菜、化肥菜、饲料猪、圈养羊吃得多了,偶尔回到老家吃父母用大粪奶的菜,便会发现黄瓜甜丝丝的,西红柿也不用担心放到锅里煮不烂。那个味道之纯正,无以言表,

在枣林间种菜 摄影◎武雄

让我的记忆一下子回到童年。由此,我才慢慢意识到真正的农家食品为什么那么香——只有真正用农家肥培育的粮食,才会有纯正的香味。

奶菜,也许是黄河中游陕北山石区沿河而居农民特有的施肥用语。奶菜在这里被赋予特殊的含义、特殊的使命。这种特殊的情感与当地的自然条件密切相关。与陕北其他地方一样,泥河沟人均耕地少,土地贫瘠,山地又是"胶泥夹石炮",因此黄河滩地自然就成了泥河沟的"白菜心",成了全村人的生命之源。于是,滩地的庄稼获得奶菜的特殊待遇。这里的滩地,枣树郁郁葱葱,下面混种着白菜、韭菜、茄子、豆角、土豆、玉米、绿豆、南瓜、红薯、花生……很多农作物可以在这里找到,虽不成片,但能基本满足村民自家食用。加上山地种有高粱、谷子、黑豆和糜子等农作物,因此泥河沟在改革开放之前是一个比较完整的自给自足的小农经济圈,也是一个完整的生态圈。

正是土地资源的稀缺、劳动条件的艰苦和自然条件的恶劣,迫使当地农民在这有限的土地资源上谋取最大化的生产资料,用于养家糊口;也迫使他们学会精耕细作,特别是在瓜果蔬菜是生活的命根子情况下。所以"奶菜"一词的创造是符合当地自然条件的,是农民对劳动的一种情感——既有对自然环境的敬畏,也有对庄稼的深厚情感。

如果你还理解不了这份情感,那就直接将其想象成"给庄稼喂奶"。这样,你就可以想象到农民对庄稼精耕细作的用心程度和附着在劳动里的感情。奶菜,就如同母亲给孩子喂奶这样亲切和神圣,也体现了村民的勤劳和生活的艰辛。

大粪在泥河沟是干净的,是他们生活的重要物质基础,是瓜果蔬菜茁壮成长的"婴儿奶粉"。现在回想起来,大粪似臭不臭。担大粪是很平常的,如果你担一担大粪过村,绝不会有人捂鼻子,或有其他厌恶动作。有的人把担子往稍远一点一放,坐在人群里拉一会儿话才去干活,既休息了,也乐

滩地上肥力充足，西红柿长势喜人。　摄影◎武雄

呵了，没有一点拘谨和不自然。此外，大粪的收集和保存也很重要。在泥河沟，每家的厕所都放有茅桶和茅碗。为防止大粪渗流，厕所都是用石板和石条砌成的仓式厕所。夏天，每当施肥时，每家的厕所都被刮得很干净。泥河沟人分家时，几乎都要新建厕所，也许是为了生活的方便，但粪源也是一个重要因素。

每年春末夏初，村民都会奶第一茬菜。在豆角、茄子、西红柿等作物的根部不远处，用锄头挖个小坑，然后用茅碗把稀稀的大粪倒进去，待渗入后把土盖好。这样既抗旱，又施肥，一举两得。对白菜、菠菜等生长稠密的蔬菜，则大水漫灌，大粪随水而流，直接施肥。

在泥河沟，对于"屁股大"的小菜畦，正好一担水可以满足其浇灌需求，一桶大粪可以满足其肥力需求，也正好适宜种植各种不同蔬菜，满足一家之需。这种布局是先人们的智慧，如同他们选择枣树当作生命之源一样。一畦地，一担水，一担粪，一种蔬菜，一种光景，一户人家，最终形成一个村落。千百年来，周而复始，一直延续到现在。

泥河沟的枣树，同样是用大粪奶大的。每年秋季打枣后，入了冬，树木便进入缓休期。加之冬季不种蔬菜，农户家的大粪便会积攒很多。勤快的村民就在枣树根旁挖个坑，把大粪倒进去，待三五日渗下去后埋住。这样，大粪水在严冬冻结，在第二年春天慢慢消融，既保好了枣树地的墒情，又长了肥力。我小的时候，正好是人民公社后期，每家都有一点自留地、自留树。这些树就会享受到"吃奶"的特殊待遇，其他树则只能在春天时被施以羊粪、猪粪等农家肥。

"吃奶"的枣树是不一样的。村民有句话总结得很到位，"叶子黑洞洞的"。言下之意，就是灌了大粪的枣树肥力大，长得有劲。每到秋深打枣子时，通过观察叶子的颜色可辨别枣树是否"吃过奶"。叶子发黄的树就没有享受特殊待遇；而叶子依然黑洞洞的，枣子也糖心的枣树，一定在冬季灌过大粪。

玉米和金针菜,也是枣林的馈赠。 摄影◎李攀

改革开放后,地树包产到户,"叶子黑洞洞"就成了日子过得好的象征。懒散人家的枣树或庄稼到秋天都黄啦啦的,而勤劳人家的枣树或庄稼是黑洞洞的。黄啦啦的,家境就不太好;黑洞洞的,日子过得就相对殷实。

"鱼儿离不开水,花儿离不开肥。"大粪奶菜、奶树,是农民的劳动智慧,也是经验总结。大粪不臭,菜自香。如果把劳动看成吃苦,看成脏臭,就可能永远没好日子过。一个人对劳动的态度,在很大程度上决定了其幸福感的多寡。

奶菜与捞柴、捞炭、浮河、收谷子、打场、滚铁环、摸鱼、掏鸟窝和拔黑豆一样,都深深地烙在我的心里。正如每年冬天早晨 6 点多随父亲背猪粪上山后,肩膀上留下的深深绳印,至今回想起来依然是火辣辣的……

(文 / 武三卫　高凡)

每到秋深打枣子时,通过观察叶子的颜色可辨别枣树是否"吃过奶"。叶子"黑洞洞的",枣子也糖心的枣树,一定在冬季灌过大粪。 摄影◎贾玥

餐桌味道

泥河沟枣皮薄、肉厚、核小,入口有淡淡清香,是枣中佳品。枣是灾荒年代的"铁庄稼","三颗枣,一顿饭"。人们坚信只要枣树还活着,日子就可以继续。

在泥河沟,与枣有关的食品多种多样。人们把枣做成枣糕、枣炒面、枣馍、枣粽子、枣焖饭、枣串串、枣牌牌、枣酱、醉枣等,加工方法各异,风味也各具特色。餐桌上的枣味,不仅留在食谱上,也留在了泥河沟人的味觉里。

枣窝窝

制作枣窝窝,先发面,再加上一些碱面,用手精心捏成窝头形状;枣去核、去皮,切成小块,揉入窝头中,大火蒸熟。枣窝窝入口便有枣的甘甜,另有粗糙的触感,富有嚼劲。

过去只有生活条件好一些的人家才能吃上玉米面,一般人家只能吃糟糠、高粱之类做的窝头。枣也不是一般人家能吃上的,条件稍好的人家才会在窝头里加上一点枣。吃枣时,人们往往连枣皮也舍不得扔,用剪刀一剪,用水洗一洗,一个一个地揉进面团里,生怕浪费一点粮食。

枣卷卷

枣卷卷主要用于祭祀。每逢清明节、七月十五、八月十五、十月初一、冬至以及年关,人们便会带上枣卷卷、捏好的面人和猪头,为祖先坟上添一把土。按老规矩,上坟是一定要带枣卷卷和猪头的,但是人们太穷杀不起猪,只好

枣卷卷 摄影◎李攀

枣馍馍 摄影◎于哲

枣糕 摄影◎于哲

子推馍 摄影◎于哲

将面捏成猪头形状来祭拜祖先。以前条件差,面很少。上坟祭祀时,村民即使没有白面,也会借上一点,精心地捏成猪头的形状,将两边用刀子切出耳朵的轮廓,用指头捏出鼻子的轮廓,再用筷子在鼻子上点两个点,放上两粒黄豆做眼睛,将其摆在菩萨床上,供祖先享用。枣卷卷也是如此,人们用手扭制白面,做两个手指肚大小的面团,卷一卷,再在上方放一颗枣。困难的时候,人们还会将这些祭品带回家给娃娃吃。如今日子虽然好了,上坟有更方便的小食品,但人们仍然习惯捏猪头、面人,做枣卷卷带去供奉祖先。泥河沟人相信,世世代代与枣结缘的先辈,一定更喜欢这熟悉的味道。

枣糕

枣糕入口即化,其黏糯的口感让每个食客都醉心不已。枣糕也逐渐发展成节庆必备、餐桌必有的大众美食。

人们把糜子和谷子倒进大盆里,用水浸泡两三个小时,然后捞出来控干水分,再用骡子把控干的糜子和谷子碾成面。面磨得越细,黏度越高。而后,向大锅里注水,把用高粱秆子做成的细密箅子(当地人叫金皮)架在锅上。箅子的高度要与水位齐平,保证热气冒上来的同时糕面掉不下去。糕面里撒上糠,放在簸箩里。待水烧开,用手把糕面围绕锅撒上去,先撒外圈,目的是把边上的气压住,最后撒中心位置,保证糕面平整,盖上锅盖。几分钟后,就可以取出来。蒸出来的糕面大概6厘米厚,取出后放在抹了油的案板上平铺,来回揉压至3厘米厚。把枣核和枣皮去掉,刀剁成末状,均匀地撒在糕面上。糕面卷起来呈圆柱形,用刀切开,香喷喷带着热气的枣糕就可以享用了。

过去做一锅枣糕可以从过年前吃到正月。现在人们条件好了,想什么时候吃就什么时候做,不用担心贮藏的问题。平时出远门的人回到家乡,蒸上一锅香喷喷的枣糕,便能回味一抹家乡的韵味。

饸饹面 摄影◎熊悦

洋芋擦擦配西红柿酱 摄影◎于哲

炖羊肉 摄影◎于哲

野生细叶韭花,制作"泽沫儿"的原料 摄影◎熊悦

"泽沫儿"调料成品 摄影◎江沛

饸饹面

在过去没有白面的时候，饸饹面是用高粱面做面皮的。村里的能工巧匠会用木头制作饸饹床子，在床的主体中间挖一个圆洞，里面用厚铁皮封底，再用石匠的钻头冲上几个眼，用这个来压饸饹。过去，有条件的人家，会自己做一个饸饹床；没有条件雇不起人做的人家，在打窑洞、婚丧等重大事情时，就向其他人借一个饸饹床。

据说在做饸饹时，一定要加上榆树皮，"没有榆树皮，就吃不上饸饹"。人们把榆树的老树皮弄掉，留下里面细嫩的树皮，晒干，用斧头劈成3厘米大小，磨成细面，做玉米饸饹时将其撒进饸饹面里。如是这般，才能保证饸饹面的长度和筋道程度，面团压下去之后才能成细棍似的长面。

饸饹床子下面就是锅，水开后面一熟就捞出来，然后再下一床。再用土豆、豆角、西红柿、西葫芦熬点臊子。以前有钱人家会把羊尾巴切段，点上一点油翻炒，这就是有条件人家吃的臊子。

过去也没有调料，只能吃上一点盐巴。但泥河沟人善于发现身边的食材。他们上山采集细叶韭的花儿，将其晒干，揉碎，碾成面，放在碗里，再把热油倒进碗里冲一下，就成了香喷喷的调料。这种调料被当地人俗称"泽沫儿"，可为筋道的饸饹增添一丝特有的香气。

西葫芦熬羊肉

六月六是河神的生日，泥河沟村民要宰羊供奉河神，保佑出船平安。这样的习俗一辈辈传下来，即使在最困难的时期也没有落下。这一天，黄河滩边的西葫芦已经成熟，人们便把羊肉和西葫芦切成小块做成臊子。有条件的就再切一些白面皮，放在锅里一炒就可以吃了。

虽然现在渡口已经无处可寻，河神庙显得格外冷清，但村民依然遵循着六月六的这一饮食传统。

（文 / 辛育航）

一家人压饸饹 摄影◎贾玥

◇ 黄河浮河 ◇

浮河，就是在黄河里游泳。大多数泥河沟人都会！

不过在黄河里游泳与在游泳池里游泳是不一样的。游泳池里的水是死水，不流动，干净、清澈、透明。黄河之水是活水，流动，浑浊，泥沙俱在，看不清水下。在游泳池，游泳的花样比较多，自由泳、蛙泳、蝶泳、背泳，甚至自由泳也可以脸在水下面，划几下才换气。浮河则不可以，黄河水浑浊，所以头部必须在水面之上，甚至要将颈部露出来。水性好的可以把大半个胸部露出水面，保证呼吸，保证看清周围。浮河用的大多是自由泳的技法，踩水是基本功，狗刨式也可以。

浮河与游泳的本质区别在于——浮河是沿黄而居村民的一项生存技能。很多泥河沟人不知道是什么时间学会这项本领的，也不知道是怎么学会的。在我们童年时，也就是70年代末80年代初，泥河沟的夏天是充满欢乐的。每到中午，黄河边的前岔湾到二道栈，一大帮小子光屁股、一丝不挂，赤脚在石头林里乱跑，沿河而上一两里路，然后在水流比较湍急的地方跳进去。那时候，水流比现在大得多。二道栈那里都有浪，有时近1米高。孩子们在那里逐浪嬉戏，然后从前岔湾的回水湾里游回来……我们这一代人中的男孩子都对此有特别深的印象。

除了黄河，泥河沟人也会在车会沟里浮河。车会沟之水与黄河之水在泥河沟交汇。一个小山村有两条河，这是天成福地。村民称黄河为"大河"，称车会沟为"小河"。童年时，小河之水也特别大，可以满足不同年龄的人浮河。记忆深处，车会沟浮河的地方有后河的"马马石""闷咕噜""光大湾"。马

"夏至浮河"是泥河沟的传统习俗,村民们认为这个时候的黄河泥沙有治病的功效。　摄影◎李攀

马石这块石头大，因此那里形成了比较大的水洼地。但在这几处可浮河的地方中，闷咕噜的水最深，水面最广。为了把水引到村子的滩地灌溉，村民在车会沟修了拦河坝。拦河坝抬高了河床，闷咕噜就是受河水冲击而形成的。闷咕噜的水有多深？我们不得而知，最深处应该有几米吧，反正我们一个猛子扎下去，从来没够着底。闷咕噜至少有一亩半地的水域。这里的水域每年随着洪水的大小交替变化。洪水大则水域大，洪水小则水域小。因为底部有泉水，所以闷咕噜在枯水期也不会干涸，反而水色变得蓝蓝的。如果小河遇到雨水多，就会形成一个小瀑布。闷咕噜的山腰水道有一个口子，水大时就在这里分流，又会形成一个比较湍急的小瀑布。浮河时，多数孩子会在这里享受大水冲背的神仙境界，美不可言。

夏天中午，太阳把水晒得温温的，闷咕噜就成了"泥河沟的深圳大梅湾"。这时水底呈锅形，中间深，四周浅。孩子们在马马石浮不成时，便多数聚集到这里。有的小孩子背个铁拐李随身带的那样的咕噜——这个东西家家都有，背上它就可以浮起来，和救生圈是一个道理。我们小的时候，已经有了汽车里带。报废了的汽车里带经过修补后，小孩子在气嘴上使劲地吹，一直吹到腮帮子疼，然后用木塞子堵住，就成了最牛气的救生圈。这东西少，但只要有它，就热闹了。一群孩子都会围上来"打水仗"，互相用掌击水给对方，你把他拉下来，他把你拉上去。力气大的男孩子会直接把它压得翻过来，小点的孩子就会呛水。

场地不同，前来浮河的人也不同。泥河沟不同年龄的人都会去适合自己的浮河场地。除了光大湾，村里的女人和女孩子会在夏天晚上去洗身子外，别的地方都是男人和男孩子的天地。前岔湾、光大湾水池小，适合小孩子玩耍。但是后来因为要建黄河大坝，在那里崖上放炮取石，松动了崖石，经常塌石头，所以人们就去得少了。马马石水洼地比较大，适合10多岁的孩子玩。站在马马石上，胆大的孩子把鼻子一捏，便纵身跳下去。孩子们称这为"打淹盹"（潜水或扎猛子）。因为下面有石头，水又浅，所以不能

浮河曾经是泥河沟的男人们的一项基本生存技能。 摄影◎于哲

浮河用的"救生圈"——浮河葫芦 摄影◎于哲

头先入水，只能脚先入水。

在黄河里浮河，则是年龄大一点孩子的事情了。尽管在乱石林的沙子里跳行，脚丫子会被石头硌得很疼，会被沙子烫得很疼，但这点小疼痛真心挡不住去黄河里逐浪嬉戏的热情。我们小时候很自觉，到上学的时候就都回去了。其实还有另一个原因，就是饿得游不动了。浮河特别费劲，游一会儿肚子就空空了，所以多数孩子在上学前还得回家吃点饭。

为什么说浮河是黄河畔人的一项生存技能？这主要与这里的交通及环境有关。在沿黄公路和通乡公路开通之前，泥河沟是一个封闭的小山村。出门就爬山，向西走40里到通镇，向南走40里到佳县城，向北走25里到神木县万镇，向西北走30里才能到朱家坬镇政府，而向东过黄河15里就到了山西临县的第八堡。到这些地方，步行是很远的。从前去通镇背返销粮时，父亲早上4点多就得起身，晚上10点多才能回来。所以去赶集购买生活必需品，最佳选择是去对面山西的第八堡。

去第八堡，有两种办法。一种是坐船过去，另一种是浮河过去。对面山西的河畔有泥河沟的土地，要种地、锄地的话，同样得过黄河。农民选择坐船，大都是在天气凉、水温低无法游泳的时候。端午过后到农历七月这段时间，若去山西，大部分成年男人会浮河过去。早年，浮河到山西都是靠羊皮筒子，类似于宁夏沙坡头的羊皮筏子。只不过羊皮筒子是单个的，人们把东西装进去，然后放入水里将其拉到对岸。后来汽车里带，便成为最好的工具。加上塑料筒子的发明，羊皮筒子逐步被淘汰。塑料筒子一般选择红颜色的，一边安装一个木塞子，另一边开口。人们把衣物等东西放进去，然后在木塞子那儿用嘴吹气，鼓起来后将其放进河里。大家都将其称为"红桶"。红桶漂在河里，远远看上去像一个红点。我们小时候经常看到红桶，有外地漂来的，也有本村的，有的去佳县，有的去第八堡。在河运的年代，艄公、船手是黄河上的一道风景。逆流而上时，他们就是"伏尔加河的纤夫"。生活用品很多是靠这些人从府谷、山西等地运回。这些人必须会浮河，而且水性要特别好。

这些年，受气候和上游无节制开发的影响，黄河水量小了很多，车会沟的水也很小了，泥河沟的浮河场所也少了许多。加之青壮年村民外出打工，村里大都是孤单老人，在黄河里逐浪嬉戏的童声趣事已成为回忆！

（文 / 武三卫　高凡）

如今，盛夏仍遵循传统前来浮河的多为村里的中老年人。　摄影◎李攀

❖ 枣神庇佑 ❖

在漫长的守望过程中,枣与人之间的关系是朴素的、微妙的,甚至在一定程度上是被忽视的,但它也是坚固的、富有顽强生命力和爆发力的。因此,我们不难理解泥河沟村民为什么会将对枣树的依赖和尊重提高到信仰的高度,也不难理解为什么在现代化背景下,他们仍然保存着一份朴素的枣神崇拜。我们虽无法逐一刻画和探究这份丰富的文化蕴藏,但仍然希望通过文化谱系里的零星故事,来理解这份朴素信仰背后的情感守护和集体行动,理解人与枣是如何彼此守望、共生共存的。

事实上,对枣树的信奉与崇拜,并不来自机缘巧合或外来影响,而是泥河沟村民有感于枣树恩泽和奉献后自发的感激与回馈。每逢农历八月十五,村里德高望重的老人便会来到古枣林祭拜枣神。他们叩头拜首,向枣神祈求来年风调雨顺、红枣丰收。对于泥河沟人来说,枣不是简简单单的经济作物,而是赐福庇佑他们的神灵。在这片贫瘠的土地上,村里的枣林曾多次将他们从死亡的边缘拽回来。1989~1993年,佳县连续出现大旱、沙尘暴、冰雹等自然灾害,粮食作物常处绝收的边缘,但红枣的丰收却使泥河沟人免于饥荒,平安度过灾年。

由于长期浸没在红枣的荫蔽之下,有关红枣的各项生产生活活动便自然而然地具有了仪式感。当地有"七月十五枣红圈,八月十五枣打竿"的说法。当红枣成熟时,村民便开始忙着收枣。打枣是收获的第一步。一竿子打下去,树上的枣便噼里啪啦地落在地上。要想把四散的红枣收起来,站着、蹲着都不成,常需要跪着把枣一个个捡起来。或许这独特的生产场景,恰恰反映出村民对土地的感恩,对枣的报答。家庭联产承包责任制后,由于枣树

春节打醮仪式中的一环:古枣园中敬拜神灵。　摄影◎贾玥

种植紧凑，各家各户单独打枣容易引起邻里纠纷。村民便约定：每年红枣成熟后，便将枣神从观音庙请出，移步到36亩枣园。村中有威望的农户上前焚香烧纸，祈求红枣丰收，讨个好价钱，同时也是为了告诉枣神，不要将上树打枣误会成打子孙。事毕，村民用陕北人高亢嘹亮的嗓子喊"开打啦"，枣农便一拥而上，集体行动。这项活动传承日久，便被泥河沟人称为"开竿节"。

"开竿节"无疑是具有丰富内涵的乡村仪式。一方面，它是枣神崇拜直接投射在生产过程中的具体体现。枣神在收获时节被请入园中，见证村民劳动的辛勤和收获的喜悦。诸多有关红枣分配的纠纷，则在村民对神明的敬畏中得以和解与平息。而村民在收获时节祭祀枣神，也反映出泥河沟人淳朴的感恩情怀，结草衔环，饮水思源。另一方面，"开竿节"也是家庭联产承包责任制后，泥河沟村为数不多的集体行动。它完整地保留了村民集体劳动时期的生产记忆，再一次将分散的农民集聚到古枣园之中，成为村中一年一度最热闹盛大的场景之一。它是红枣文化活的载体，也是村民协作的鲜活记忆。基于这样的认知，我们不难理解，每年的腊月初八，村民会将第一碗厚稠的枣焖饭喂给孩子，再将第二碗抹到枣树上。长久以来，他们以这一朴素的方式，传承着对于枣神虔诚的信仰，感激着枣树带来的馈赠与恩泽。

我们尝试剖析每一颗红枣背后的情感内核和文化底色，其目的是实现全球重要农业文化遗产所强调的社会文化系统与普通村民的日常岁月融为一体的内在要求。它可以通过乡村社区的共同行动表达出来，也可以传承在普通村民的平凡岁月中。

1953年，18岁的郭宁过在姑舅姐姐的邀请下，前来泥河沟尝枣。泥河沟村有个不成文的传统，每到枣果飘香的金秋时节，周围村子的亲戚朋友便会陆续赶来，一尝村中的鲜果。郭宁过家住通镇，距泥河沟40多里，即便是交通便利的当下，走路也需要大半天的时间。然而，这次名为吃枣的跋山

开竿打枣 摄影◎康宁

涉水，实则是一次精心安排的相亲会面，姑舅姐姐想把本村男子武有苗介绍给她。经姐姐搭桥牵线，郭宁过芳心暗许。后经双方父母同意，二人喜结连理，成了一段美事。谈到当年结婚的场景时，郭宁过笑着打趣道："当年来的时候，没有聘礼，也没有嫁妆，做了一套新衣新裤，骑着毛驴就糊里糊涂地嫁了过来。"

因枣结缘的郭宁过，与众多村民一起，成了这片枣园的守卫者。在往复的岁月中，她与枣相伴，以枣为生。或许她对于红枣并未有浪漫的遐想，却始终满溢一份喜爱与呵护。为了修建拦河坝，给枣园提供更为丰厚的土壤，身为妇女主任的郭宁过冲在前头。男人们负责开凿石头，打磨成块。她就带领妇女将山上凿下来的石块运到黄河岸边，再用铁丝捆住，堆砌到河中。由于交通工具匮乏，他们只能肩挑背扛，一天至少要搬30多个来回，双手全都磨出血泡。在那个火红的年代，村民没有抱怨。为了保卫枣林，大家总是心甘情愿。

在贫苦的泥河沟村，红枣就是生活的一道保障。有了这一片枣林，村民就有了奔头。实行包产到户那年，郭宁过如愿以偿地获得了自己的枣林。枣林位于村子西头，每天她都要与丈夫一同在林间劳作，承担和丈夫一样的工作。农忙时，她甚至没办法给孩子们做一顿热饭。枣是这个贫困家庭最重要的经济来源。平日里，郭宁过舍不得吃枣，唯有过年过节时，才会分一些给孩子们或做个枣串串给孩子们挂上。2012年，一场山洪突袭泥河沟村，郭宁过家的枣林由于地势较低，被洪水连树带土全部冲走。洪水退去后，看着自己家的枣林只剩下光秃秃的石头，她痛哭了好几天。郭宁过的儿子和儿媳妇来探望她，却发现她不在家中。儿子正要去找，儿媳却拦住了他，说："别找了，咱妈肯定是去她的枣林哭去了！"

作为外来者，我们很难理解泥河沟人对于枣的情感。它是功利性的，这片枣林的经济价值依旧是村民最为关心的话题。它却又是超越功利的，在每一个村民的心灵深处，这片枣林为他们留存了祖先的记忆、生活的场景和

红枣是泥河沟人生活的保障,也是精神的庇佑者。　摄影◎陈钦胜

信仰的栖息之所。郭宁过,是众多泥河沟村妇女的一个缩影。她并不孤独,也绝非特例。她们为我们打开了一扇窗,帮助我们更好地理解村民如何从自然的馈赠中得以代代延续,又如何在漫长的岁月中回馈自然。如果今天我们将泥河沟人对枣神的信仰粗暴地认为是偏僻村庄里的封建迷信,那么我们将错失理解村庄的另一种可能。事实上,对枣神的信仰是泥河沟人在生产生活中对红枣情感的一种提炼。它以宗教的方式呈现在世人面前,让后代子孙可以传承和遵循。在纷繁的仪式背后,唯一不变的,是人与枣之间的守望和陪伴。

(文 / 陈俞全)

收枣并非一个轻松的活计,需要长时间蹲着,甚至跪在地上。 摄影◎贾玥

◈ 村史回眸 ◈

泥河沟村民武光勤，生于 1942 年。16 岁考入通镇中学，毕业后返乡参加生产队劳动。28 岁举家移民至上高寨乡李治村，5 年后迁回，加入石工队修建黄河水坝。"五十年村史回忆"是他于 2016 年 1 月初创作的快板词，开篇介绍了泥河沟村的自然与人文特点，随后呈现了村中的重要事件，如水灾、移民、吃返销粮、修建拦河坝等，编织出"枣缘社会"数十年的历史全景。一首短短的快板，是村民村史记忆的缩影，也反映了他们参与村庄发展的热切之心。

五十年村史回忆

东依黄河西靠山　环围千年古枣园
金狮银象守门关　观音菩萨保安宁
金鱼戏水村中央　世代兴旺福长存
一九六六至七六　黄河泛滥洪遭殃
百亩枣园泪汪汪　枣林园田一扫空
村民生活无保障　四面八方谋讨生
走内蒙下黄龙　山西汾阳卧虎庄
马家山的麻地岇　宁夏落身度光景
上高寨毛谷川　刘国具乡吃过粮
县委书记贺长广　领导县长张世举
水电局长马航图　一力支持来扶贫
六九年冬期党发令　救灾抢险到群众
治理黄河发军令　各级政府来行动
县级指挥高元利　工程设计刘树龙

乡政领导高元昌　党支部村委会
世珠国雄武世勇　带头群众上了阵
男女青年突击队　铁姑娘队员来领前
普工匠人抗严寒顶烈日　风雪雨后不停工
修理技师武子耀　安全保健武世汉
休息时空挖药材　苜蓿野菜来充饥
上班齐心不迟到　精神饱满不松动　日日大干不溜工
要材料动脑筋　工具炸药满足用
石山巨人把石料供　网石铁丝有困境
老革命家武开章　全力支持解困忧
开山炮鸣响连天　长蛇网石几万米
乡政组织基专连　造就坝墙数万方
工程巨龙显威风　洪黄魔鬼大投降
还我园林几百亩　稳我生存定心肠
一声春雷响彻天　林业专家高峰师
精心耐劳住咱村　发现了千古宝树千古林
从下级到上级　千辛万苦费尽心
从地方到北京　千年宝树放光明
天下红枣第一村　传到中国农业大学门
不辞劳苦孙教授　古枣园保护大启动
千里迢迢奔陕北　师生多次到我村
亲自上门访村民　真实情况了解清
湾塌坡峁遍走访　山山水水都论明
师生村民亲如兄　不怕疲劳争秒分
一心改变旧困境　精测细绘巧设计
脱贫致富换新容　泥河沟村民牢记心
吃水不忘挖井人　青壮少年抖精神
多思多想多动脑　大胆创新立奇功
回忆村史五十载　往事重提不能忘

（文／武光勤）

附 泥河沟村历任书记、村委会主任任职时间表

村书记	村委会主任	任职时间
武子舍（行政主任）	武子舍（行政主任）	1949～1953 年
武世珠（书记）	武世珠（村长）	1953～1956 年
武世恒（书记）	武忠润（大队长）	1957～1959 年
武世勇（书记）	武占鲁（大队长）	1960～1961 年
武占鲁（书记）	武忠润（大队长）	1962～1964 年
武世珠（书记）	武子车（大队长）	1964～1965 年
武世珠（书记）	武光明（大队长）	1966～1967 年
武子奎（书记）	武忠广（大队长）	1967～1968 年
武世汉（革委会主任正）	武海瑞（革委会主任副）	1968～1969 年
武忠宇（革委会主任正）	武忠祥（革委会主任副）	1969～1970 年
武世珠（书记）	武世勇（大队长）	1971～1973 年
武国雄（书记）	武国树（大队长）	1974～1976 年
武世勇（书记）	武国树（大队长）	1977～1983 年
武子江（书记）	武国树（村委会主任）	1983～1984 年
武国树（书记）	武继龙（村委会主任）	1984～1986 年
武占和（书记）	武海瑞（村委会主任）	1986～1998 年
武世峰（书记）	武买保（村委会主任）	1998～2001 年
武国雄（书记）	武治洲（村委会主任）	2001～2005 年
武世峰（书记）	武治洲（村委会主任）	2005～2009 年
无	武治洲（村委会主任）	2010～2011 年
武南耀（书记）	武买保（村委会主任）	2012～2013 年
武南耀（书记）	无	2013～2015 年
武正生（书记）	武存平（村委会主任）	2015 年至今

说明：此表根据武海瑞、武世峰、武占亮、武国柱、武继龙、武世旭等人共同回忆制成。

新年时挂在窑洞门檐下用于祈福的红枣与面塑工艺品。 摄影©陈钦胜

从银象山上眺望雪后的泥河沟村与古枣园。 摄影◎贾玥

后记 ◇ 悄悄的生命变革

孙庆忠

从 2014 年 6 月第一次到泥河沟，我的心就放不下了，不仅因为这里有千年枣树和古枣园近旁宁静的村庄，还因为这里有淳朴的村民以及他们与贫困抗争的生活！这个地处黄河中段晋陕峡谷西岸的村落，隶属于我国 14 个集中连片特困地区之一的吕梁特困片区。除了五保户、病灾户和残疾户之外，全村绝大多数家庭的生活状态相差无几，小康的生活目标依旧高悬。两年来，每当听到枣花因春旱无雨而无法坐果时，打枣前雨水连绵导致果实烂成一地时，隐隐的痛就会在我的心里萌生。我曾反复地追问，这里毗邻黄河，历经无数次的灾难，枣树何以生存千年？生活困顿的村民，为何还要祖祖辈辈守望这贫瘠的土地？在与陕北地域文化亲密接触的日子里，我对枣树的生长特性有了更多的了解，也对村民坚忍而内敛的个性品质、勤劳而简朴的生活习性有了新的认识。他们在艰苦的环境中生存，却从不言放弃，始终对明天的生活报以积极的想象。

2015 年 7 月 13 日是入伏的第一天。按照当地的习俗，村民要去"浮河"，他们相信黄河水可以把自己身上的病痛和晦气统统洗掉。我走进大河并坐在临近岸边的石头旁，任凭河水从我的肩头流过，与乡亲们共享这炎热夏日里的清凉。当看到高曹平翻滚几下就到了黄河中间的滩地，而后起身在滩上奔跑时，我被那一幕深深地感动了。在午后的阳光中，陕北汉子的健壮身躯与黝黑的肤色显得格外醒目。当他从远处跑到我的近旁，当我看到他脸上憨憨而畅快的微笑时，我的眼泪一下涌了出来，默无声息。那一刻我在想，这个贫困的村落，红枣几近连年绝收，也许在他的生命里，唯有在黄河滩上赤身奔跑的这个瞬间，如孩童般自由，忘却了去年的收成，忘却了生活的烦恼。也是在那一刻，人和自然是和谐的，人的自由生命和这个世界是一体的。看他奔跑的那一瞬，和他对视的那一刻，我多么希望那黄河的水再柔一些，再慢一些，让村民感受轻松畅快的时间再长一些。

2016 年 1 月 13 日是我们团队冬季调研离村的日子。送我们的车驶过观音庙时,武小斌播放了一曲陕北人耳熟能详的《闹秧歌》。不知为何,多日里积压的情绪突然涌上心头,流泪的冲动演变成了眼前景致的模糊。我想到了去往朱家圪时路边的风景,想到了静寂夜晚里泥河沟窑洞里温暖的灯光。黄土高原沟壑纵横的大地,虽苍茫壮美,但总是让悲凉的情绪不召自来;散布在石圪、圪台上的窑洞,虽错落有致,却总是与艰难的感受齐聚心头。于我而言,这一年陕北的冬天是寒冷的,不是因为气温的骤降,而是因为我走进了一个又一个身处困境的家庭。天灾的降临,人祸的接踵而至,让我听到了"生灵的叹息",感同身受他们生活的无奈。然而,家庭的故事并未就此终结。无论是年迈的父母,还是承受生活重压的儿女,并不依靠救济度日,泥河沟人相信自己的双手,相信看似无望的生活一定会有转机。我为他们的生计状况忧伤,更惊讶于他们胸襟的豁达。这就是平凡世界里的悲喜人生吧!

在村里的每一个夜晚,我都会在窑洞外独坐,不论是冬天还是夏天。当看那漫天星斗的时候,我就会想起路遥和他的《平凡的世界》。在路遥去世15周年时,有一本题为《路遥十五年祭》的纪念文集面世,其中,作家王安忆在《黄土的儿子》一文中讲到路遥的一段往事——当冬天过后,他走在满目黄土的山里,忽然峰回路转,崖上立了一枝粉红的桃花,此时本该为春天的到来满心欢喜,但是路遥却眼里浸满泪水。当背靠窑洞仰望星空的时候,我理解了路遥。在那孤寂的日子里,面对满目萧索的环境,心底还藏着一个很遥远但却依稀可见的希望。正是这份火辣辣的希望,让这方水土养育的村民在灾害频发的岁月、在孤助无援的时候,仍然有坚定活下去的勇气!

全球重要农业文化遗产的保护,意在通过多方参与机制促进地区的可持续发展和农民生活水平的提高。这项国际计划能否为村庄的发展带来一线生机?我们又能否从乡土文化入手,探索出一条通往精准扶贫的有效路径?正是基于这样的思考，我带领中国农业大学农业文化遗产研究团队进行了扎根式的社区行动实验。在过去的两年多时间里，先后有18名本科生、硕士生和博士生加入这支队伍。一次次的乡村之行不仅培养了他们对乡村生活的洞察力、对所学专业的感悟力，更使这些优秀的青年拥有了关注乡村、服务乡村的情怀。这是一种年轻生命里不可或缺的精神力量！尤为令我欣慰的，是村民和村庄所发生的改变。抢救口述资料的过程，不仅使记忆中尘封的往事被唤醒，也让村民有机会重新面对自己的家乡文化，这也是村落凝聚重要的情感因素。建立在信任基础上的社区行动，也在客观上培育了村民改变处境、创造生活的能力。2015年7月19日的"全球重要农业文化遗产保护暨中国传统村落周年庆典"，2016年7月14~21日的"佳县古枣园文化节暨泥河沟大讲堂"，不仅展现了外部支持的推动性力量，更彰显了村落内部所蕴含的创造性品格。就此而言，我们从人文社会科学的角度，参与农业文化遗产的保护工作，小而言之是以文化干预的方式做村落减贫和脱贫实验，大而言之是在寻找乡村复育之道。

  在泥河沟空寂的山野里，漫天的星斗总会带给我独特的心灵体验。在那里，有人和自然的亲密交流，传递的是人和人之间相互依存的温暖和力量。我们每个人都是渺小的，但我们却不能停止脚步。我们不只是在记录乡村的当下，更是在挽救我们的未来。2013年12月7日，钱理群先生在农大演讲时，结尾的一段话让我始终难以忘怀。他说："作为践行者，也许我们是孤独的，但请你不要希望去影响太多的人，就从改变我们自己开始，继而改变周遭，改变社会，实现悄悄的生命变革。"我想只要我们秉持这样的理念，记忆中的乡村就不会从我们的视野中消失，依然会成为我们生活的一部分。我们和祖先之间通达而美妙的情愫，就会永久地传递。我们畅想美丽乡村，极力抢救那些行将消逝的村落记忆，也许只是浪漫的幻想，但是只要我们从脚下开始做起，那些被称为"乌托邦式的乡土"

可能就会重现眼前。在高扬城市化的今天，我们的执拗可能偏离了主流，但这样的"逆风而行，逆流而上"并不是怀旧式的情感宣泄，而是这个时代里我们这一辈学者和行动者最为真切的使命。

　　回首与泥河沟结缘的日子，佳县各级领导刘生胜、杨政、强国生、王治斌、高剑利、张树杰、高峰、任锦双、张如晖、魏永健、刘虎卫，从县长到乡镇公务员，他们都俯下身子工作，尽心为一方百姓造福。每每想起他们的言行，我都心存敬意。特别是朱家坬镇人大主席苗小军，作为驻村干部，几乎把每一位村民都放在了心上。他与村委会武正生、武存平、武小斌一道，筹划村庄发展，又以基层干部的作为，为群众送去政府的关怀。在佳县农业文化遗产的保护工作中，除了政府的行政力量，民间各团体的奉献同样是有力的支撑。在这项共同推动的事业中，以刘源、盛燕、洪力维为代表的香港乐施会，以唐勇、何颂飞、杨兆凯为代表的中科建集团原本营造建筑规划事务所，以蒋好书、刘煊岐为代表的北京乡村文化保护与发展志愿者协会，以计云、康宁为代表的自然观察者团队，以刘宇、熊悦为代表的悉溪环宇建筑空间，以王国慧、李攀、姚荣、宋昊明为代表的乐与永续工作室的设计师团队，以及以贾玥、侯玉峰为代表的优秀摄影师志愿者，都为村庄的发展贡献了时间和精力。正是这些心怀梦想的同行者，以及地方政府与民间组织的倾情合作，让我对泥河沟、对中国乡村的未来充满期待！

丙申年冬至

枣缘社会——陕西佳县泥河沟村文化志

主编：孙庆忠
作者：中国农业大学农业文化遗产研究团队
宋艳祎、李妍颖、江沛、韩泽东、郭天禹、李禾尧、辛育航、王嘉雪、
孙兆琦、高凡、李世宽、陈俞全、冯星晨、曹玉泽、关瑶、宗世法
摄影：侯玉峰、贾玥、李攀、于哲、武雄、计云、康宁、熊悦、陈钦胜、何颂飞

特约出版策划：乐与永续 liveheritage
创意统筹：王国慧
设计：姚荣
文字编辑：韩莹莹
图片编辑：李攀、宋昊明

图书在版编目（CIP）数据

枣缘社会：陕西佳县泥河沟村文化志 / 孙庆忠主编.
-- 上海：同济大学出版社，2018.1
（乡村文化与记忆）
ISBN 978-7-5608-7138-7

Ⅰ.①枣… Ⅱ.①孙… Ⅲ.①乡村 – 文化史 – 史料 – 佳县
Ⅳ.① K294.15

中国版本图书馆 CIP 数据核字 (2017) 第 157590 号

枣缘社会
陕西佳县泥河沟村文化志
孙庆忠 主编

出版人：华春荣
责任编辑：秦蕾 李争
创意统筹：王国慧
设计：姚荣
责任校对：徐春莲
版次：2018 年 1 月第 1 版
印次：2018 年 1 月第 1 次印刷
印刷：北京翔利印刷有限公司
开本：787mm×1092mm 1/16
印张：18.25
字数：456 000
书号：ISBN 978-7-5608-7138-7
定价：89.00 元
出版发行：同济大学出版社
地址：上海市四平路 1239 号
邮政编码：200092
网址：http://www.tongjipress.com.cn
本书若有印装问题，请向本社发行部调换
版权所有 侵权必究

光明城联系方式：luminocity.cn

luminocity.cn

光明城

LUMINOCITY

"光明城"是同济大学出版社城市、建筑、设计专业出版品牌,由群岛工作室负责策划及出版,致力以更新的出版理念、更敏锐的视角、更积极的态度,回应今天中国城市、建筑与设计领域的问题。